# 社会問題としての教育問題

――自由と平等の矛盾を友愛で解く社会・教育論――

ルドルフ・シュタイナー
今井重孝　訳

Rudolf Steiner

"Die Erziehungsfrage als soziale Frage—Die spirituellen, kulturgeschichtlichen und sozialen Hintergründe der Waldolfschul-Pädagogik"

(Rudolf Steiner Verlag 1960)

# 目次

第2講

第6講

## 訳者まえがき

ルドルフ・シュタイナーの思想は、人類全体、地球全体を平和で健全な未来へと導くバランスが取れた思想といえると思います。シュタイナー思想の根底には、人類の意識には歴史的な発展段階があり、15世紀以降の人類社会の課題は、人類の一人ひとりが自分の意志・感情・思考によって感じ考え意志し判断するようになることであるという認識があります。それはつまり、王や将軍や法王、専門家、政治家、官僚、マスコミなどによって外部から指示されるのではなく、自分自身で考え判断する時代だということです。確かに、現在の世界的に普及している民主主義が正常に運営できるためには、ユルゲン・ハバーマスが指摘しているように、討議に参加する人々が自分の利害関係に引きずられることなく、理性的討議ができることが前提となっているといえるでしょう。シュタイナー的に言えば、民主主義を支えられる人間の育成が一番大事だということになります。シュタイナー教育はこうした理性的判断のできる自立した成人を育成し、すべての人間を平等に見ることのできる眼差しを養うことを目指しています。また現在の経済は、友愛の経済ではなく競争の経済であるとはいえ、基本的に他者のための労働によって作り上げられています。農業に携わる人は他人の食べる野菜を作り、漁業に携わる人は他人の食べる魚を取り、技術職に携わる人は他人の使う車やコンピューターや家庭電器を作っています。このように、賃労働は本来他者のための労働であり友愛の実現なのです。それにもかかわらず、現在の経済が弱肉強食の世界になっているのは不思議なことです。シュタイナーの社会論が、この謎を解いてくれます。

シュタイナーは、経済を競争の経済から本来の友愛の経済に戻すためには、人々が利己主義や自己愛ではなく、隣人愛・友愛の精神を身につけることが大切だと考えています。これは地球に対しても友愛の精神で接することにつながっていきます。シュタイナー教育は、社会改善の準備として生徒たちに友愛の精神を育成することを目指しています。教育のあり方が社会改革と結びついているのです。

またシュタイナーは、人間を、思考をつかさどる頭部と感情をつかさどる胸部と意志をつかさどる肢体系の三つの部分に分け、それぞれを頭人間（神経・感覚人間）、胸人間（リズム人間）、手足人間（新陳代謝人間）と名付けています。そして社会も日々変化する生きた有機体であり、頭部としての経済、胸部としての法、手足としての精神に三分節化されているという形で、人間と社会の対応関係を指摘しています。手足が精神なのは、精神の成果は手足（意志活動）を通じて文化として実現されるからです。経済が頭部なのは、経済活動には地球の資源が不可欠ですが、人的資源としての知力は頭部に集約されているからです。こうした説明に違和感を持つ方もおられるかと思いますが、人間は日々変化し、植物も、動物も日々成長変化しています。社会も日々変化しているということは、命あるものから構成されていることの証明といえるでしょう。したがって生き物の法則との類似性が見られるのは不思議ではありません。

さて本書は、21世紀の社会が進むべき方向がわかる貴重な本です。人類はどんな社会を目指せばよいのか。健全な社会はどのように実現できるのか。こうした切迫した問いに対して、ルドルフ・シュタイナーは、すでに今から100年近く前の段階で、社会の三分節化という画期的な未来社会の方向性を提示していました。本書は、シュタイナー教育学の精神的、文化史的、社会的背景を論じた講演記録〝Die Erziehungsfrage als soziale Frage—Die spirituellen, kulturgeschichtlichen und sozialen Hintergründe der Waldorfschul-Pädagogik〟（GA296,Rudolf Steiner Verlag）を翻訳したものです。シュタイナーの人間論と教育論、社会論の相互関係がわかる貴重な内容であり、シュタイナーの社会論である「社会の三分節化論」への入門書として読むことができます。

社会の三分節化論とは、単純化していえば、精神の領域と政治の領域と経済の領域は現在自立してきており、それぞれ独自の価値の実現を目指す段階に入っているという考え方です。各領域の実現すべき価値は、精神の領域は自由、政治の領域は平等、経済の領域は友愛です。この三つの価値は、1789年のフランス革命で求められた自由・平等・友愛（博愛）に対応しています。政治・経済・精神という三領域にそれぞれ平等・友愛・自由という価値目標を割り当てることにより、自由・平等・友愛が実現するという考え方です。現代社会においては、まだこの三領域での価値の三分節化は実現していません。そのため格差社会化が進んでしまうのです。

このシュタイナーの社会論は、人類の未来をリードしうる希望の社会論であると訳者は考えています。高名な社会学者ニクラス・ルーマン（1927~1998）が、生命の特徴であるオートポイエーシス（自己創出）の理論を社会分析に適用し、現代社会を機能的分化社会として特徴づけ、社会は、政治、経済、教育、学問、宗教などのサブシステムに分化しているという社会システム論を展開しましたが、シュタイナーの思想はこの現代社会学の理論をさらに発展させたものとみることができます。シュタイナー社会論の概要を知るために是非本書を手元に置いていただければと思います。

本書に掲載されている講演は、シュタイナーの思想（人智学）に関心がある人々向けの講演のため、人智学的な用語や考え方が出てきます。人智学的用語と時代背景に配慮し、各講義の理解を深めるために、本文には訳者解説をつけました。それぞれの講演を読む途中でその都度参照していただくと、いっそう理解が深まると思います。なお、講演の中につけてある見出しは訳者が便宜的につけたもので、原文にはありません。

翻訳の方針としては、原文を逐語的に訳すのではなく、内容の伝達を優先してわかりやすく訳していることと、ドイツ人読者向けの専門的な原注は訳出しなかったことをお断りしておきます。原文と逐語的に厳密に対応しているわけではないので、学術論文で引用される場合には、原書を参照されることをお勧めします。なお、途中で一休みしていただけたらと思いまして、訳者によるティータイムを設けました。楽しんでいただけたら幸いです。

# 第1講

Erster Vortrag

## 1　知力の欠如(1)

第一次世界大戦直後の今、人間の心の中で起こっていること、人類の進歩の内的悲劇(2)として生じていることを深く見通す仕事を終えてのち、私は、今日の人類の悲劇を希望に満ちた方向へと次第に向け直す力を与えてくれる活動の場所であるここドルナッハ(3)に、再び滞在しています。

今の時代ほど、真実で純粋な意味において、魂を精神的な世界(4)へと高めていく傾向が見られなくなった時代はありません。ですから、とりわけ今、魂を精神世界へと上昇させることが必要なのです。といいますのは、このスピリチュアルな世界からしか、現在の人間にホリスティックな人間としてさらなる人生行路を歩む力を与えることのできるものはやってこないからです。多くの人々が、現在の問題や課題は人間の外的な知識から取り出すことのできる思考や衝動によって解決できると信じ込んでいます。しかしそうではないのです。精神的な道を通してのみ真の癒しを達成できるということを大多数の人々が確信するまでに、一体どれくらいの時間がかかることでしょう。これをただじっくり考えるだけでは、たいして成果は得られません。現在、外的知識に基づいてこの問いに答えるのは非常に難しく、精神世界からのみ救済はやってくるというこの確信に大多数の人々が実際に貫かれた場合にのみ、さらなる前進が確実に可能となるのです。

多くの人々が関心を抱いていることについて真摯に考えるためには、人々に、知的な力(5)が欠けています。今日、知的な力は大部分麻痺してしまっています。これこそが社会問題です。いわゆる知識や認識とよばれているものによって、現在の社会問題が克服できるという信仰が世の中を支配しています。しかし、人類が精神的な認識の観点からこの問題を克服しようとしないかぎりは、決して今日の社会問題は克服できないのです。

私たちは、このたび長期にわたって世界的な戦争を行いました。この戦争は、おそらく今後長く続くであろう人類の闘争へと引き継がれることでしょう。文明化した世界の中で多くの人々が経験した今回の世界的戦争は、人類史が語られるようになって以来の恐るべき出来事でした。この判断が誤っているとはいえません。様々な手段を使って戦い抜かれるであろうこの戦いは、東洋[6]と西洋の間、アジアとヨーロッパとアメリカの間の戦いに引き継がれ、最大の精神的闘争となることでしょう。これを人類は再び戦い抜かなければならないのです。この暴力的・根源的な戦いの高波の中で、キリスト教によって人類の中に注ぎ込まれた衝動[7]や力のすべてが、やがて今の文明を覆っていくことになるでしょう。

【訳者解説】

(1) 近年、知能指数に加えて、感情的知能指数さらには霊的知能指数という言葉が使われ始めていますが、この表現を借りれば、シュタイナーはここで、霊的知能指数の欠如が、第一次世界大戦の背景にあることを指摘しようとしています。

（2）直接的には第一次世界大戦の悲劇を指しています。悲劇の根源を理解しなければ再び同じことが起こるであろうとシュタイナーは考え、警告を含めて本講義を行っています。しかし実際には、シュタイナーの社会の三分節化の考えは当時は十分な理解が得られず、シュタイナーの危惧が現実となり第二次世界大戦が起こることになります。

（3）スイスのバーゼル近郊の地名です。この頃のドルナッハは1922年に完成する第一ゲーテアヌムの建設の途上にあり、熱気がありました。そこで人智学徒向けにかなり集約した6日間のこの講演が行われたのです。今は再建されたゲーテアヌムがあり、人智学関連の施設や店舗、住居が多く集まるところです。

（4）精神世界という言葉の意味は、ひとまずスピリチュアルな世界と理解してください。この後、精神世界の重要性が強調されていますが、物質的世界が軽視されているわけではありません。両者を切り離すことはできず、密接に結びついているというのがシュタイナーの基本的なスタンスです。

（5）ここで知的な力といわれているのは、現象の背後に潜む力を読み解く力のことを指しています。

（6）ここで東洋というのは、中東、トルコ、中央アジア、ロシアを含むアジアの地域を指しています。シュタイナーは、第一次大戦の深い原因は、スピリチュアリティを伝統的に重視してきた東洋と感覚世界を重視してきた西洋が、いかにして両文明を発展的に調和させられるかという時代的な課題をまだ解けていないとろにあると診断しています。

(7) キリスト衝動が文明を覆うというと、西洋が東洋を打ち負かすようなイメージを持つ人がいるかもしれませんが、そうではなく、シュタイナーのいうキリスト衝動には、ペルシャ起源のゾロアスター教やインド起源の仏教などの要素も組み込まれており、物質文明を精神的な善の衝動で覆うというイメージです。

## 2 東洋と西洋

今日、東洋と西洋の間には大きな対立があると簡明に図式化できるでしょう。しかし、この図式を決して単純には受け取らないでいただきたいのです。この図式化には、広範な人間衝動が含まれているからです。ご存知のように、私は、拙著『現代と未来を生きるのに必要な社会問題の核心』[1]の中で、現在の多くの人々にとって精神生活はイデオロギー[2]になっており、人類の精神的財産である法・倫理・学問・芸術・宗教などは、唯一の現実である経済的生産様式、ないしは経済的下部構造から立ちのぼる煙に過ぎない[3]ということに注意を喚起しました。

精神生活について語りますと、今日多くの人々が精神生活はイデオロギーだと答えます。唯一の現実である経済的現実から立ちのぼり、人間の魂に映るものはすべてイデオロギーにすぎない、と答えるのです。このイデオロギーという言葉が、本来世界の文化の中で何を意味しているのかということについて熟考する必要が、今日少なからずあります。このイデオロギーという言葉と近い関係にあるのは、東洋の叡智のいうところの幻影という言葉です。幻影を正しく西洋の言葉に翻訳するとイデオロギーになります。それゆえ、東洋人が幻影という言葉によって思い浮かべるものと、イデオロギーという言葉で西洋人が思い浮かべる内容とが、概念的にも理念的にも大部分は同じだということができるのです。しかし、そこにはなんと大きな違いがあることでしょう！　東洋人は、幻影という言葉で何を考えるのでしょうか。東洋人は、外の感覚世界こそが幻影であると考えています。我々の感覚でとらえるもの、感覚に結びついて考えたり意味づけたりできるものはすべて幻影であり、大いなるめくらましであると考えるのです[4]。そして唯一真実であるものは、魂の中に浮かぶものであるというのです。身体的なものは現実ではなく、人間がそれによって貫かれている魂的・霊的なもの[5]、人間の内面において浮かび上がり花開くもの、それこそが現実だというのです。感覚に対して外的に与えられるものは幻影でありイデオロギーだというのです。

　他方、西洋人の多くは、唯一の現実は外的感覚にとらえられたものであり、外的感覚でとらえられるものこそが現実だと確信しています。東洋人が幻影であるという、まさにその外的世界こそが西洋人の多くにとっては現実なのです。東洋人が現実であるといっているもの、魂の中で内的に湧き上がり芽吹くもの、それこそが大部分の西洋人にとってはイデオロギーであり幻影なのです。ここには大きな対立があります。東洋人たちが現実と名づけるものを、今日、西洋人は幻影であるといい、西洋人がアメリカの子孫と共にイデオロギーであり幻影と名付けているものは、東洋人にとっては現実なのです。

この違いは魂の深いところに食い込んでいます。この違いが地上の人間を全く異なる二つの存在に区分しています。文明化された世界に起こったことを見渡せば、今回の世界の破局の原因と動機に関して語られていることはすべて、表面をなぞっているだけであり、表面的な見方でしかないということができましょう。この恐るべき戦いの特徴は、基本的に無意識の深みから立ちのぼってきたものです。人々はこの戦いに参加しそれをつぶさに目にしましたが、根本的に破局の理由はわかりませんでした。長く解決しないであろう西洋と東洋の対立が、部分的な諸力や表面的なものにより見失われてしまいました。現在の対立的要素は非常に強力で、人々はこの二つの本質的に異なる部分に分断されているのです。

いま述べたことを自由と結びつけて西洋の方を見ますと、西洋の努力は自由へと向かっていることに気づくでしょう。この自由を理解しているか誤解しているかは問題ではありません。とにかく西洋では自由が求められているのです。そして、人間の魂の暗き深みから自由への要求が姿を現してきています。

東洋を見てみましょう。西洋で自由といわれていることが東洋人にとっては正当な意味を持っていません。自由は、いかなる概念ともいかなる感情とも結びつかないような何かです。日常生活において直接周りで目にする自然現象について、東洋人が感性でとらえ、ほとんど科学的に思考しないということに一度思いを向けてみてください。最も身近に体験することについて東洋人は思考しません。東洋人は、自分にふさわしい現実、つまり内的現実に従うことによって自由に生きるのです。内的自由は彼らをまさに人種や民族や種族の特徴に従って成長させます。東洋人は自由について考えはしないのです(6)。西洋をさらに眺めてみますと、時代が経過するにつれ、西洋における現実世界の自由はますます失われていきました。その結果、西洋人は自由を求めなければならなくなったのです(7)。

西洋と東洋の間には多くの違いがあります。その違いのすべてにおいて、西洋と東洋の基本的な対立が見出され、おそらくそれは近々起こる出来事に示されるでしょう。アジアで起こっていることは外的なきざしにすぎないのです。アジアで起きていることについてヨーロッパは沈黙していきます。たとえば、インドでは人口の半分以上が半ば飢餓状態です。これはヨーロッパで起こったこととは全く異なっており、インドの精神性の外的なあらわれなのです(8)。しかし、こうした外的あらわれにおいても人々は、今日、以下のように二つの本質的に異なった部分に分離されています。インド人にとって飢えとは、ヨーロッパ人とは異なった意味を持っています。なぜならインド人は、千年にわたりヨーロッパ人とは異なった魂の発展を経験してきているからです。これらは、人類の発展の経過について理解したいと思う人によって、今、鋭い目でとらえられなければならないことです。私たちは、人々が社会問題と称しているものが想像以上に複雑であるとはっきりと把握する必要があります。こうした社会問題こそが15世紀半ば以降浮上した文化(9)に伴う現象だからです。私は、15世紀半ばの文明化された人類史の重要な段階について、繰り返しここで皆さんに語りました。この時以来、次第に自然科学という新しい潮流が生まれてきました。しかし同時に産業主義の新しい色調も生まれてきました。自然科学と産業主義が手を取り合って、現代の人間の精神に特別の方向を与えたのです。

【訳者解説】

（1）『現代と未来を生きるのに必要な社会問題の核心』（シュタイナー著、高橋巖訳、イザラ書房）

（2）イデオロギーという言葉は、マルクスらが使用して以降広まりました。マルクスらの考え方では、思想などの観念は、基本的に、階級関係によって拘束されているというものでした。経済的な関係が実態であって、思想はその反映にすぎないというわけです。シュタイナーは、いずれも実態ではないと考えている点で、東洋の幻影と西洋のイデオロギーという考え方は同じだと見ています。

（3）マルクス主義において典型的に定式化された考え方が当時の思想界を覆っていたということです。

（4）現代の日本人には、東洋的な幻影の考え方がしっくりこないかもしれませんが、般若心経にある「色即是空」という言葉に示されているように、物体と見えるものは、実は存在していない、という思想が、東洋には流れています。鴨長明の方丈記に「行く川の流れは絶えずして、しかも元の水にあらず」とありますが、この表現も、東洋の無常観を示しています。

（5）精神（Geist）、魂（Seele）、体（Körper）というシュタイナーによる三つの区分は、日本での霊魂体にほぼ対応しているように見えますが、その内実からすると日本語のニュアンスとはだいぶ距離があります。Geistは、霊とか精神と通常訳されますが、スピリチュアルや天上的、神的といったニュアンスもあります。つまり、体は目に見えるもの、魂と霊は目に見えないものであり、体は個別性があるのに対し、霊は、真・善・美のような普遍性のある法則が支配する神的な世界を指すのです。人間の場合、論理的思考の世界、数学的世界がそれにあたります。魂は、好き嫌い、共感反感のように目には見えないが、普遍的でなく個別性に彩られている部分で、その代表的なものは感情の世界です。

（6）東洋人にとって外部世界は幻影なので、自由は問題になりません。東洋人にとって現実である内的な現実は基本的に自由なので、あえて自由について考える必要がないわけです。

（7）フランス革命により自由・平等・博愛の実現が追求されましたが、精神の自由はかならずしも実現せず、精神はイデオロギー（幻影）であるとみなされるに至ったということを指しているようです。

（8）インドでは、食べるという感覚的世界よりも、精神世界を現実として重視しているので、身体的な飢餓状態を問題とは感じにくくなるわけです。

（9）シュタイナーの歴史の区分によれば、1413年から新しい文化の時代に入っており、その特徴は、一人ひとりの人間が、自分の意志・感情・思考によってものごとを判断するようになるという点にあると考えられています。この考え方は、一般に、個の自立といわれていることと対応しており、本来、民主主義の基礎でもあります。

## 3　自然科学と産業主義

私は、ここスイスで皆さんに自然科学の独特の様式について話しました。今日、自然科学が何を提供できるかについて熟考している賢明な人たちは、新しい自然観が提供するものは現実の世界ではなく、それは灰色の世界であり、いわば世界の亡霊[1]なのだと語ります。自然を探究する人々が考え抜いたことはすべて、また人々が思っている以上に一般に受け入れられている教育はすべて、自然科学的に構成された灰色の世界を「現実の世界である」と信じこむ迷信なのです。そしてこの灰色の唯物的かつ非現実的な世界の傍らに、現代の産業主義から人間にもたらされた〝機械〟が、人間の精神に対して影響力を持つものとして据えられています。この産業主義が人間に対してどのような精神的な意味を持つかについて、私たちは一度じっくりと考え抜く必要があるのです。産業主義を特に支配している機械を例えとして取り上げてみましょう。機械は、人間が外の世界で関わり合う他のすべてのものと区別されます。動物を見てください。皆さんは、科学的な思考やその他の日常的な思考を動物にあてはめることにより　―私は本日の話題の関連で人間については述べたくないのですが―　動物についてまだたくさんのことを探究することができます。そうして探究した後も、動物には常に神的に深い何かが残ると私は言いたいのです。皆さんは動物を知り尽くすことはできません。皆さんは動物の背後にはまわれないのです。皆さんが動物について考えることの背後には未知な何かが残るのです。植物も同様です。そして、鉱物である水晶の素晴らしい形態を取り上げてみましょう。皆さんは確かに水晶の外面的な形態については、訓練すれば、理解できます。しかし、直接的に非見霊的(2)な頭脳では到達できないものとして、神聖なものとしてあがめることのできる水晶の側面については、多くが理解できないものとして残されてしまいます。

【訳者解説】

(1)世界の亡霊というとわかりにくいですが、自然科学では、例えば、色は波長であると主張されています。波長は肉眼には見えないため、色を実態と考え波長を幻影と見ることもできます。そうした意味で亡霊であると考えるのです。

（2）例えば、人間にはオーラがありその色や形からその人の特徴が読み取れるといわれたりもします。一般論として普通の人にはオーラは見えませんが、見える人も少なからずいるようです。このオーラが見えることを見霊的、見えないことを非見霊的というわけです。水晶であれば、たとえば、その水晶の太古以来の歴史が読み取れたとすれば、それは見霊的といえるでしょう。現在の我々には通常読み取れないことですが、その痕跡がその水晶に残っている可能性がないとは言いきれません。あったとしても現在の科学では証明は極めて困難でしょうが。

## 4　機械の透明性

では、機械について考えてみましょう。私たちは、機械のすべてを把握することができます。私たちはスイッチの入れ方や蓋の位置、摩擦の大きさやその値などを知っています。私たちは、機械の個々の要素を知れば利用効果を計算することもできます。通常、人間の頭脳で見通せないもの、目に見えないものは機械にはないのです。これは機械と人間の関わりについて非常に多くのことを意味しています。そして私たちが、もし工場内で機械を使って仕事をしている何千人という人々の前に立ったとしたら、人間の思考により把握できる機械から、人間の魂に滴り落ちてくるものが何であるか、背後に何も持たない機械から滴り落ちてくるもの、非見霊的な頭脳にとってはおそらく予感するしかできず見通すことができないものが何であるかについて、気づくことになるでしょう。すべてが把握可能な機械の透明性が、人間にとって、機械と人間との交流を破壊的なものにすることになるでしょう。機械には霊的・魂的な部分がないからです。機械の中で力や力の相互作用に関わるものはすべて、人間の感覚や頭脳にとって明白に見通せるものだからです。完全に把握できるということが、人間の心（Herz）や魂を吸い取ってしまい、人間を乾いた非人間的なものにしてしまいます(1)。

そして自然科学と機械が一体になって、精神と魂と肉体の恐るべき破壊をもたらすのです。超感覚的なものを見ようとしない場合に、何がこの現代の人間性を脅かすことになるのか考えてみましょう。まず機械的な理念がますます広まっていく恐れがあります。機械的理念とは、自然研究者がかつてすでに述べたものです。自然研究者は、人間は自然認識が天文学的であるように、つまりは天文学をモデルとしてなされるように努力すべきであると語りました。皆さんが今日、化学者が分子内の存在についてどう考えているかをご覧になれば、分子内の原子は、ある意味で力の関係にあると見ていることがわかります。つまりそれは、小さな惑星システム・太陽系システムをモデルとして考えられているのです。全世界を天文学的に説明すること、それが自然研究者の理想なのです。この現在の天文学は何を理想としているのでしょうか。全宇宙を機械として見ようとしているのです。それゆえ、人間のどの行為もどの行動も機械として解釈されるのです。

これこそが15世紀半ば以来ますます強力に作用して、現在、人間から人間性を吸い取っているものなのです。もし人々がさらにこのように機械的な天文学や産業主義のように考え続けたなら、精神は機械化され、魂は眠り込み植物化し、肉体は動物化していくことでしょう。

アメリカを見てください。そこには精神の機械化の最高峰があります。ヨーロッパの東、ロシアを見てください。そこには、野蛮な衝動や本能が生き残っており恐るべき状態となっています。[2] 肉体の動物化が進んでいるのです。ヨーロッパの中央では、魂が眠り込んでいます。精神の機械化、魂の植物化、肉体の動物化に注意しなければなりません。[3] 私たちは騙されないようにこれに留意しなければならないのです。


【訳者解説】
（1）機械には精神や心魂のように目に見えない部分がないので、死せる鉱物だけから構成されている機械とばかり接触していると、人間の魂や精神が干からびてくるということです。意識はエネルギーを消費し、無意識はエネルギーを生み出すという関係があるので、すべてを意識化できる機械は、エネルギーを供給するのではなくエネルギーを消耗させることになります。

（2）1917年の革命後初代の代表者レーニンの後を継いだスターリンが「大粛清」を行い、多くの人々を抹殺しましたが、こうした現象が野蛮の表れということになるのではないかと思われます。

（3）機械化＝自由がなくなる、思考力がなくなる、生命力がなくなる、感情が枯れてくる。植物化＝思考・感情・意志が弱体化する。動物化＝衝動に流されるようになる、自我によるコントロールが効かなくなる、理性の働きが弱まる。

## 5　社会民主主義(1)

15世紀半ば以来、人間は政治と経済と並んで精神をどのように失ったのでしょうか。強力な政党が今日、自らを「社会民主主義(2)」と称しています。すなわち、社会主義と民主主義は正反対のものであるにもかかわらず、社会主義と民主主義を結合させたのです。しかもこの政党は、両者を結合させただけでなく精神的なものを追い出してしまいました。といいますのは、社会主義は経済的なものにのみ関わり、民主主義は国家的＝法的なものにのみ関わるからです。精神的なものに関わるのは、個人主義です。自由が、自由こそが、社会民主主義という言葉から追いやられました。そうならないためには、個人的ないし個人主義的な社会民主主義と称すべきでした。そうすれば、経済・法・精神の三つの人間としての要求がすべてこの言葉の中に表現されることになります。しかし、現代では、この三つ目の精神を追い出してしまうこと、精神の喪失こそが特徴的なことといえます。つまり精神は現実の中で幻影なのです。ヨーロッパの人々やその植民地であったアメリカの人々のように文明化した人間にとって、精神は偽りのものなのです。

精神科学を考察する人々にとっては、精神こそが文化的な大問題の出発点となります。人々は、現在という時代の要求の中に生きているものについて、時代の要求は歴史的な要求であるにもかかわらず、まったく議論することができません。歴史的な要求の一つは社会主義です。社会主義は正しい意味で理解されなければなりません。

もう一つの歴史的要求は民主主義です。そして自由ないし個人主義もまた歴史的な要求です。この自由への要求は、現在はあまり注目されていません。人間は三分節化の意味において社会有機体を打ち立てなければ、つまり経済生活における社会主義、法的国家的生活における民主主義、精神的生活における自由ないし個人主義の三分節化を打ち立てなければ、これ以上お互いに語りあうことができないのです。

三分節化は唯一の社会の治癒であり人間性の真の救済と見なされるべきでしょう。私たちは三分節化について思い違いをしてはなりません。社会の三分節化は歴史的な現在に対する強力な要求であり、そのため物事を深く見通せば、これ以外の要求はなされえないと考えられます。人間は、社会有機体つまり経済領域において社会的で、国家的法的領域において民主的で、精神領域において自由に形成された社会有機体の中で生活するべきです。

さて私たちの未来の大問題は、社会的教育問題といえます。もし子どもたちを成人として最広義において社会的[3]で民主的で自由な大人へと教育したいと望むのであれば、私たちは子どもたちに対してどのように振る舞えばよいのかという社会的な問題なのです。そういう意味で未来の社会問題の中で最も重要なのは、まさに現代の教育問題です。そしてこの教育問題で人類が前進するために教育をどう理解すべきであるかについて、精神科学こそがその方法を示してくれます。もしも現在の最も強力な問題である教育問題がその根底から見直されないとすれば、社会的要求は常に混沌としたままに留まることでしょう。もしも皆さんが教育問題の底に何があるのか大枠を知りたいと思うのであれば、拙著、『精神科学から見た子どもの教育[4]』を手に取りさえすればよいでしょう。現在の最も重要な社会問題の一つが、この書籍によって人間認識の表面に躍り出た社会的教育問題だからです。現代の多くの人が、若者の発達の三段階[5]に関わって精神科学から何を取り出すことができるかを学ばなければならないのです。

【訳者解説】

（1）自由主義、社会主義、民主主義という言葉の中に、フランス革命の自由・友愛・平等という三つの価値が潜んでおり、民主主義は政治領域における平等を、社会主義は経済領域における友愛を示しているのです。しかし、福祉国家を代表していると考えられている社会民主主義には、精神の領域における自由が排除されているという指摘は、今までになかった主張で、社会の三分節化の思想の新しさを感じさせてくれることでしょう。

（2）社会民主主義とは、通常は、社会主義の唱える平等と資本主義の強調する自由の両方をバランスよく追求しようとする考え方と理解されています。シュタイナーの場合は、社会主義の原則は本来友愛であり、友愛が経済の原則であり、民主主義の原則は本来平等であり、平等が政治の原則であり、個人主義の原則は本来自由であり、自由が精神の原則であると考えています。そこで、社会民主主義は、精神の自由をおろそかにしているという評価になります。経済において友愛の原則を実現し、政治において平等の原則を実現し、精神において自由の原則を実現することが、シュタイナーのいう社会の三分節化の考え方です。それが未来社会の目指すべき方向であるということです。

（3）シュタイナーが社会的という言葉を使う場合は、人と人との関係を指し、その関係が友愛の関係であることを意味しています。現在注目されている思想家であるハンナ・アーレントも社会的という言葉を使っていますが、彼女の場合は、社会的なるものを私的な必要性と関連付けており、シュタイナーの友愛とは異なった意味が付与されています。

（4）1919年に最初のシュタイナー学校が創設されましたが、それより12年前に書かれた最初の教育についてのまとまった叙述として重要です。日本語訳としては、『霊学の観点から見た子どもの教育』（高橋巖訳、イザラ書房）、『精神科学の観点から見た子どもの教育』（新田義之・大西そよ子訳、三国出版）、『霊学の観点からの子どもの教育完全版　講演＋論文』（松浦賢訳、イザラ書房）の三種類があります。

（5）若者の三つの教育段階は《第一7年期　0〜7歳　意志の教育の時期》《第二7年期　7〜14歳　感情の教育の時期》《第三7年期　14〜21歳　思考の教育の時期》の三段階とされています。

## 6　模倣存在としての子ども（第一7年期）

この本には、誕生から歯の生え変わる平均年齢である7歳までの間、人間は模倣存在であり、周りの人たちがしていることを行うということが示されています。皆さんが最終的に子どもを実際に理解しながら観察すれば、子どもが模倣存在であることにいたるところで気がつくでしょう。子どもは「大人のすることをする」のです。子どもとの生活の中で最も重要なことは、子どもの周囲の人間が、子どもが模倣してもよいことだけを考えたり感じたりすることです。子どもは、誕生して物質存在となってからも、母親のおなかの中に入る前に精神世界で体験したことを継続します[1]。誕生前は高位の霊的存在の中で人間として生活していました。そこでは高位の霊的存在からやってきた衝動のすべてを受け取り、模倣する対象物と一体となっているという点で、はるかに高度な模倣者でした。そこから物質世界に降りてくるのです。周りのものと一体となるという習慣が地上生活に引き継がれます。この習慣は、存在と一体になること、周りにいる人間の模倣をすること、周りにいる人間が子どもの模倣できることだけをしたり考えたり感じたりするように教育的な配慮をすることへと広がっていきます。自分の魂の中でなく、周りの魂の中、周りの魂たちの中で生きることができればできるほど、子どもにとっては大きな癒しになるのです。

過去の時代には生活がより本能的であったので、模倣もまた本能に任せておくことが可能でした。しかし将来はそうはいかなくなるでしょう。将来は子どもが模倣者であることに注意を払わなければなりません。子どもが環境を最もうまく模倣するために、子どもの生活をどのように構築するのが最善なのかという問いに対して、教員は常に答えられなければなりません。かつてこの模倣によって行われたことはすべて、将来にわたってますます先導的にますます意識的に取り上げなければならないのです。といいますのは、私たちが、人間を社会有機体の中で成長しなければならない存在と認識するならば、人間は「自由な人間」とならなければならないと言わざるをえないからです。人間は、子どもとしてできるだけ濃密な模倣者であった場合においてのみ、その後の人生で自由になるのです。子どもの自然な力である模倣力は、社会主義が生まれる時代においてまさに濃密に形成されなければなりません。もし子ども時代に模倣にふさわしい力が成長しなければ、自由に関するあらゆる宣言や政治的嘆きにかかわらず、人間は自由な存在にはならないのです。という

のも、子ども時代にこのように模倣力を育成された者だけに、社会的自由の基礎を与えることができるからです。(2)

【訳者解説】
（1）人間は基本的に人間に生まれ変わり、輪廻転生するというのが、シュタイナーの主張です。最近では、輪廻転生を傍証するような、日本の子どもの発言が多く記録されてきています。『胎内記憶』（池川明著、角川SSC新書）および『シュタイナー教育基本指針1　誕生から三歳まで』（バッラフ・ライナー他著、入間カイ訳、水声社）所収の「本書の理解を深めるために」（今井重孝著）参照。
（2）自由な人間へと成長するためには、幼いころから自由にさせるのではなく十分に模倣活動ができるような環境を整備することが大切なのです。『〝シュタイナー〟「自由の哲学」入門』（今井重孝著、イザラ書房）第三章参照。

## 7　第二7年期

7歳から性的成熟まで、すなわち14、15歳まで、子どもの中には「権威に基づく行為」(1)と名づけることのできる力が生きています。周りにいる尊敬できる人間が、それは正しい、そうすべきである、と語るからという理由で行うことが子どもにとっての癒しとなります。それを「権威に基づく行為」と呼びます。性的成熟よりもあまりに早くにいわゆる自分自身の判断に慣れさせることは、子どもにとって良くありません。7歳から14歳の間の権威を求める感情は、将来においては、過去に育成されていた権威感情以上に高度に濃密に育成されなければなりません。この年齢段階の教育においては、ますます意識的に純粋で美しい権威感情を目覚めさせる必要があります。といいますのは、この年齢段階で子どもに育成されるべきものが、大人になった時、社会有機体において人間の平等の権利として体験されるものの基礎を形成するからです。それ以外の方法では人間の平等の権利は生まれません。子ども時代に権威感情を育成されなかった場合、人間は、成人として人間の平等の権利を認めるように成熟しないのです。かつてはわずかな権威感情でも十分でしたが、今後はそれでは不十分になるでしょう。そのため、この権威感情は子どもの中に強く育成されなければならないのです。現代は、歴史的要求としての議論が許されなかった人間の平等の権利が認められている時代なのですから、平等に向けて子どもを成熟させるために、権威感情の育成が強く要請されてしかるべきです(2)。

究極的に、今の時代、公教育での授業はすべて、人間がこうした深い見方に到達可能であるように構築されなければならないはずです。しかし今日の人間は、こうした見方からなんと離れてしまったことでしょうか。こうした事柄への洞察から、今日の教員養成はなんと離れてしまっていることでしょうか。こうした洞察を受け入れるべきであるとしたら、どうしたらよいのでしょうか。こうした洞察は認められていかなければなりません。なぜなら、この洞察が認められて初めて、社会の治癒が可能になるからです。

今日すでに最初の社会主義革命を済ませた国々にやって来た人は、いわゆる統一学校[3]のプログラムからこうしたことに関して何を経験するのでしょうか。人間の本性の関連を見通す人にとって社会主義的な教育プログラムは、真に恐るべき像、人間が考えうるもっとも恐るべきものといえます。それは、ルナチャルスキー[4]というロシアの教育大臣の名前に結びついている学校プログラム・教案・教授コース・学校法です。これこそがロシアで教育プログラムとして提示されているものです。このの教育プログラムはすべての現実の社会主義の死を意味しています[5]。ところがしかし、ヨーロッパの他の地方における教育プログラムも同様に、まさしく癌という障害物のような社会主義的な教育プログラムなのです。といいますのは、そのプログラムは全く信じられないような原則に基づいているからです。社会有機体の中で成人たちが生活すべきように、そのように学校を作らなければならないというのです。その学校プログラムを読むと、最初の原則の一つとして、校長職は廃止されるべきである、教師は生徒と絶対的に平等な立場に立たなければならない、学校全体が仲間関係に基づいて構築されるべきである、と述べられていました[6]。もし今日、このような原則に反対したとしたら——私は、ヨーロッパの他の地域に比べてはるかにあまり社会主義が盛んでない南ドイツにおいてのみ言いたいのですが―― その人物は社会生活一般について何も理解しない人物とみなされることでしょう。

しかし、「人類が向上して社会有機体の三分節化が実現する」と真面目に考えている人は、とりわけ社会主義的な教育プログラムからは決して現実の社会有機体は生まれることがないということを明確に理解しなければならないのです。といいますのは、もし社会主義の教育についての考え方が学校の中に導入されるとしたら、社会主義は決して生き延びることができないからです(7)。まさに学校時代に現実の権威の上に生活を構築することによってのみ、人間は社会的に正しい共同生活に成熟することになるのです。今日、人間は、人間が行うこと、人間が表象する内容がどれほど現実から離れてしまっているかを明らかにし、現実感覚から人間の行動や表象を生み出すべきであるということを、いたるところで示さなければならないのです。

【訳者解説】

（1）大人が力ずくで従わせる権力ではなく子どもが自然に尊敬したくなる権威が必要ということです。7歳から14歳までの子どもには尊敬できる大人との出会いが極めて重要です。ですから教師と生徒はこの年齢段階では対等ではなく、教師は生徒に尊敬される存在であることが重要なのです。

（2）歴史的な要求として平等・自由・博愛（友愛）が現れてきたのは1789年のフランス革命を契機としてでした。フランス革命の理念である、自由・平等・友愛（博愛）、とりわけ自由と平等は現代社会を支えている中核的な価値であり、民主主義や社会主義もこうした理念を実現しようとして採用された考え方です。従って、自由・平等・友愛の理念を体現できる成人を育てることが、現代社会においては最大の課題になっているといえます。そのためには、権威感情の育成が不可欠であるということです。

（3）統一学校というのは、当時複線型（エリート向けの教育ルートと庶民向けの教育ルートが異なっている教育制度）であったヨーロッパの教育制度を、統合した平等な単一の教育制度（統一学校）にするという文脈で主張されたもので、アメリカ合衆国やソビエトでは早い段階で単線型が導入されました。

（4）ルナチャルスキー（1875~1933）は、1917年のロシア革命以後最初の教育人民委員（文部大臣）になった人物です。マルクス主義に共鳴し、ロシア社会民主労働党入党。逮捕と5年の流刑体験のあと、建神主義を提唱し、社会主義という宗教を創造しようとしました。

（5）「すべての現実の社会主義の死」という表現には、理想の社会主義は、評価するというシュタイナーの立場が示されています。現実の社会主義が死ぬとシュタイナーが判断した理由は、自由な人間が生まれなくなるからです。現実の社会主義とは、本講演の2年前の1917年のロシア革命により成立したソビエトの社会主義を意味しています。国家が、経済と精神を統制しようとする現実の社会主義は、精神領域の自律性、経済領域の自律性を認めないがゆえに、健全な形にはなりえないという理由で、当時からシュタイナーはソビエト社会主義の崩壊を予言していました。理想の社会主義とは、国家は法的な平等を維持することを第一義的に配慮し、経済と精神については、口を出さないで、経済領域、精神領域の自律性に任せる社会主義のことを指しています。言い換えると、社会主義の理想は、社会の三分節化によってはじめて実現するということです。

(6) 現在の日本においても、小学校の段階からディベートの授業が行われています。これも子どもと大人を区別しない子ども観に依拠しているわけです。しかし、自分で判断する力がまだ十分でない小学生の場合、ディベートがうまくいかないことも少なくありません。今井重孝「ディベートに適した年齢、適さない年齢」『地球マネッジメント学会通信』第60号2004年12月、1〜7頁参照。

(7) 教師の権威を否定する考え方があるため、生徒は教師を尊敬する関係を構築しにくく、そのために、尊敬できる人に耳を傾けるという体験がしにくく、他者の意見に耳を傾けなくなる危険があるからです。

## 8　第三7年期

性的に成熟した後の14、15歳から21歳までの人間には、異性への愛が培われるだけではありません。この異性への愛は、人間愛へと発展するのです。この人間愛の力が、子どもが学校を卒業し次に別の機関に入学したり職業訓練を受けたりする時期に、特別に養われる必要があります。といいますのは、歴史的な要請である現在の経済生活のあり方において、もしこの年齢段階で人間愛が発展すれば、友愛精神が輝き出るからです。経済生活は友愛によって、すなわち人間愛によって輝かなければならないのです。経済生活における友愛は、将来どのように達成されるのでしょうか。

友愛は15歳以降の教育が次のようになされた場合にのみ、人間の魂の中に宿るでしょう。つまり、まさに人間愛に基づいて十分意識的に教育がなされた場合、もし世界観問題が、そしてまたいわゆる統一学校に続くすべての教育が、人間愛や外的世界への愛に基づいて構築されるならば、友愛が魂の中に育まれることでしょう。

こうした三つの発達段階（第一7年期、第二7年期、第三7年期）、に沿った教育の基盤[1]に基づいて、人類の未来に花開くべき資質は養成されなければなりません。正しく模倣者にならなければならないと知らない場合、模倣者としての肉体は、肉体の中に動物的な衝動しか育成できないでしょう。7歳から14歳の間、エーテル体[2]が特別に発達するということを知らなかったとしたら　―エーテル体は権威に基づいて発展しなければならないのですが―　人間の中には一般的な眠れる文化だけが発達することになるでしょう。法組織にとって必要な力、平等を実現する力はそこに生まれないでしょう。

14、15歳からアストラル体[3]と結びついた愛の力が、学校でのすべての授業の中で意識的に与えられることがなければ、人間は決して自分のアストラル体をさらに発達させることはできないのです。なぜなら人間は、アストラル体を人間の中で自由な存在形姿として形成することができなくなるからです。

物事は、相互に密接に結びついています。それゆえ、私は次のように言わなければなりません。

模倣は、正しく、自由を発達させます。
権威は法を、
友愛と人間愛は経済生活を発展させます。

しかしまた逆も正しいのです。もし愛が正しく発達しなければ、自由はなくなります。模倣が正しく発達しなければ、動物的な衝動が大きくなります。

もしこのように社会問題と教育問題を関連付けて取り扱うならば、皆さんは、今、人類全体になされている大きな歴史的要求からして、精神科学こそが文化の正当な基礎であるということを理解されるでしょう。精神科学だけから流れ出ることのできる文化、人類にゆきわたる必要のあるこの文化なくして、私たちは現実的にさらに前進することはできないのです。

それゆえに私たちの直面している問題は、精神的な雰囲気の中へと導かれなければなりません。上述の内容こそが、確信として人間の魂の中に導き入れられなければならないのです。

そこでもう一度強調しておきたいのですが、そのような確信が人間の魂に取り込まれるまでにどのくらいの時間がかかるのかということについて、人々は議論をしたがります。しかし、いずれにせよ、人間は無意識に努力するでしょうし、もしこの確信が人間の魂に入り込まなかったら、社会の三分節化が実現するということはないでしょう。

皆さんはここから次のことを読み取られると私は信じています。私たちの精神科学によって個々の具体的な領域で明らかにされたことと、現在と未来の時代の必要性、すなわち大きな時代要求としての歴史的な要求であり歴史的な必然性として生じることとの間に関連がある、ということをです。

私がしばしばここで述べましたように、精神科学は、現在の大きな歴史的課題との関連で個々の具体的な領域を見なければならない、ということが基本です。人類はそこからまだはるかに遠く離れており、物事をここで特徴づけられたように唯物的に判断します。それゆえ人間には、ある程度緊張が生じているに違いありません。それはいわば不満足という緊張です。その結果、対立するものの中から、つまり純粋に物質的な努力の中から、精神性への努力やスピリチュアリティーへの努力が生まれるのです。

では人間は、唯物論的な努力の中から生まれる大きな問題にどのように応えたらよいのでしょうか。幻影の下で、イデオロギーの下で、まさに対立する二つのものを理解せざるをえなくなるという大きな問題に対して、どのように応えたらよいのでしょうか。(4)

【訳者解説】

(1) 0歳から7歳の模倣活動が、自由の基礎となり、7歳から14歳の間の尊敬できる人物への畏敬の念は平等の基礎となり、14歳から21歳の間の異性愛に象徴的に示される隣人愛の育成が、友愛の基礎となるという形で、自由・平等・友愛の育成が、7年周期の三段階と対応しているということです。

(2) エーテル体は、通常の人には目に見えませんが、物質体としての肉体の崩壊を阻止し生命体として維持する力を提供してくれるものです。気功でいわれる気に相当するものであり、シュタイナーによれば、誰でも訓練すれば見えるようになるものであるとの見方もあります。肉体が誕生の時に母親から自立するように、エーテル体は、7歳ごろに誕生（自律）するので、エーテル体に教育的な働きかけが可能となるのです。その段階で畏敬の念が重要な働きをするようになります。
（3）アストラル体は、通常の人には目に見えませんが、だれでも訓練すれば見えるようになるもので、思考・感情・意志といった心の働きをつかさどるもののことです。アストラル体は、念力という意味で使われる念に相当するものであるという見方もあります。アストラル体は14歳ごろに誕生し、それゆえにこの段階で友愛や思考の育成が可能になるのです。なお、見えるようになるための訓練法は、『いかにして超感覚的世界の認識を獲得するか』（シュタイナー著、高橋巌訳、イザラ書房・筑摩書房）に公開されています。
（4）精神や文化は幻影であるという世界観が支配的な中で、精神と物質の統合をはからざるをえないという困難のことを指しています。

## 9　宿命論

この対立から何が生まれたのでしょうか。東洋の人間の魂と西洋の人間の魂を動かしている衝動を具体的理念的に把握したならば、両者の衝動は異なっているといえます。しかしこの衝動は、東洋と西洋に関して同じ魂の気分を生み出してもいるのです。この魂の気分も眼中に入れなければなりません。東洋人が外部の世界を幻想と見るという見方は古くからあります。神秘的に世界を幻影と把握する見方は、かつては真実であり大きな意義がありました。しかし現在はそうではありません。東洋を経由して世界を幻影と見る見方が、西洋にやってきたのです。ある程度、受動的に己を委ねる東洋的宿命論的世界観は、ヨーロッパに入りトルコに流入しました。宿命論は、起きるであろうことを起きるに任せる考え方であり、人間の意志の受動性です。

ヨーロッパのイデオロギーという見方は、基本的に、この宿命論が生きているところで生まれました。

もっと正確には、この世界観はカール・マルクス[1]とエンゲルス[2]からやってきました。イデオロギーという見方は現代の社会主義の教えです。この世界観に従えば、すべて精神的・魂的なものは、唯一の現実である経済的なプロセスから生じたもので、幻影、すなわちイデオロギーとなります。

こうした世界観は、どのように現れたのでしょうか。この世界観は、既に世界のなかにまさに宿命的に登場してきました。さて、世界大戦の破局に至るまで、社会主義の教えの表向きの姿は次のようなものでした。資本が集積し、集中し、ますます多くの資本家たち、あるいは資本主義的な集団、トラストや企業者合同などが生まれ、経済的なプロセスがまったくひとりでに進み、ますます資本家集団は集中し、ひとりでに支配が資本から労働者に移行する時点にまで到るというものです。そのために人は何もする必要がないのです。この過程は、客観的で経済的なプロセス、純粋に経済的なプロセスです。それはつまり宿命論といえます。

西洋は東洋の宿命論の地点に到達したのです。まさに宿命論の地点から西洋の大多数の人々は出発し、宿命論を抱いているのです。精神が生み出すべきものが、おのずと生み出されるようにすること、これが東洋の宿命論です。そしてそれが今、西洋の原理となっています。宿命的に自然に起こるようにさせるものは、東洋にとっては精神的なものであり、西洋にとってはそれが物質的で経済的な過程なのです。人間の世界的な発展を、人は一面的に見ているのです。今日の人間の世界的な発展、つまり今日の人間が、以前の状態からいかにして生まれてきたのかを概観すれば、人間の世界的な発展から精神的な要素を見出すはずです。しかし精神的なるものは、先ほど述べましたように、人間にとってイデオロギーになってしまっているのです。

精神的なるものは、何の上に構築されているのでしょうか。それは、ギリシャ的なるものの上に構築されています。私たちの魂の構成の最も深い衝動であるものは、根本的に、なお何かギリシャ的なるものを持っています。それゆえ私たちは、ギリシャの魂の構造の模倣であるギムナジウム(3)を教育のために持っているのです。ギリシャにおいては、音楽と体操を基本とする教育が、性的な成熟近くにまで成長する7歳から14歳の人間にとって自然であったのです。さて、ギリシャ的なるものは、大多数は貧しい人々であり奴隷であるという状態で発達しました。そして征服者たちは別の血統でした。精神生活の担い手は別の人種だったのです。それはギリシャ彫刻に特に示されています。メルクリウス(4)の頭を見てみましょう。耳も鼻も目も別様に作られています。ギリシャ人は、メルクリウスの頭を造形することにより、彼らが征服した民族、彼らが外部の商業経済を任せた民族を示そうとしました。アーリア人、(5)ゼウスや(6)ヘラや(7)アテナ(8)の頭で特徴づけられるアーリア人が、世界的な諸権力によって精神を付与された人種というわけなのです。

【訳者解説】

（1）カール・マルクス（1818~1883）は、現実の社会主義国家が生まれる上で大きな影響を与えた思想家です。1848年にエンゲルスと共に『共産党宣言』を執筆しました。1849年にロンドンに亡命し、極度の貧困のなか著作を続け科学的社会主義を完成しました。1867年にマルクス経済学を代表する『資本論』第一巻を発表しました。

（2）フリードリヒ・エンゲルス（1820~1895）は、マルクスと共に科学的社会主義を創始しました。マルクス没後もマルクスの主著『資本論』の草稿部分の編集出版を行うなど親密な友人関係にあり、マルクス・エンゲルス全集が出版されていて、共産主義思想の基本文献となっています。

（3）ギムナジウムというのはドイツの中等教育機関の名称であり、その語源は、ギリシャの体育館（ジム）にあります。ギリシャでは体育館で音楽的体操的教育が行われていたのです。

（4）メルクリウスは、ローマの言い方で、ギリシャではヘルメスと呼ばれていました。

英語ではマーキュリーです。ゼウスとマイアの息子で、商業と富の神様です。

（5）アーリア人は、もともとは、インドの北西部にいた民族で、中央アジアやイランにも移住しました。アーリアとは「高貴な」という意味です。19世紀に、インド・ヨーロッパ語を話す人々をアーリア人種と呼ぶ見方が現れ、ヒットラーはこの見方を採用し、アーリア人種が優秀であると主張しました。

（6）ゼウスは、ギリシャの神々の中の最高神です。ゼウスという言葉は、天や光を意味しています。雲・雨・雷などの神様で、秩序・正義・法などを支配しています。

（7）ヘラは、ギリシア神話で、オリンポスの最高女神です。クロノスとレアとの娘で、ゼウスの正妻です。結婚と出産を司り、既婚女性を守る女神です。

（8）アテナは、知恵・戦争・学芸・工芸をつかさどる神様です。アテナイの守護神で、アクロポリスのパルテノン神殿にまつられています。アテナはゼウスの頭から完全武装したまま生まれたといわれています。

## 10　ギリシャの教育の影響

ギリシャ人の魂の構造としてそこで広まったものは、一般的な魂の構造の中にだけ表現されていると思ってはなりません。それは、ギリシャ語の言葉の形成、言葉のつながりに表現されています。

ギリシャ語は、貴族的な社会の魂の構造に基づいています。その性質を私たちは、今でも精神生活において維持しているのです。私たちは15世紀半ば、精神生活の革新を経験せず、精神生活の革新ではなく再生や改革や古代の再生しか経験しませんでした。その流れが私たちの精神生活にも残っているのです。

私たちはギムナジウムの生徒に今の生活とは縁遠い教育をしています。ギリシャ人にとっては、若者をギムナジウムが教育するように教育することは自明のことでした。なぜなら、それがギリシャ人の生活であったからです。ギリシャ人は、子どもや若者をギリシャ人の生活がそうであるように教育していました。

私たちの精神生活は、現実世界から疎外されてしまいました。それゆえに精神生活がイデオロギーと感じられるのです。それゆえに、生活を把握し、とりわけ実際の行為によって生活に関わることがおろそかになったのです。

## 11　ローマ法の影響

こうした精神生活の要素と並んで、私たちは注目すべき法形成を行っています。15世紀半ばに、近年の人間の発達に強力な変化の局面があったことは、いたるところあらゆる領域で証明できます。今日、穀物は高価です。穀物からできあがるものは、すべて高価です。ヨーロッパ諸国において、いつ穀物が安価でありすぎたのかを調べると、9世紀、10世紀ごろということがわかります。今日では高騰しすぎている穀物価格は当時は安価すぎました。そして15世紀半ばには、適正な価格だったのです。

15世紀という時点が、穀物価格に至るまで人間の大きな転機となっているのを見るのは興味深いことです。ヨーロッパの大部分の地域で適正な穀物価格になったのは、古い農奴制・隷農制が、当時まさに15世紀半ばのころに部分的に終りはじめていた結果です。その際、始まりかけた自由を抹消するために、ローマ法が入り込みました。精神の領域でギリシャの精神構造・魂の構造が貫徹したように、政治の領域で、国家の領域で、ローマ法が貫徹したのです。

現在に至るまで私たちは、法の領域においてはルネッサンス、つまりローマ法の再生以外のものを生み出せないでいます。私たちは社会有機体において、ギリシャの精神構造とローマの国家構造を持っているのです。

## 12 経済生活①

経済生活は再生（ルネッサンス）としては形成されません。もちろん人はローマ法に従って生きることはできますし、ギリシャの精神文化に従って子ども、あるいは若者を教育することもできます。しかし、経済生活は現在のものでなければならないのです。ですから、ヨーロッパの文明、経済生活は、精神生活と法的生活に続く第三の要素です。この三つの領域が混沌とした状態になっているため、私たちは秩序を作り出さなければなりません。それは、三分節化された社会有機体によってのみ可能となるのです。

マルクスとエンゲルスといった人々は次のように認識することにより、きわめて一面的な考察を行いました。もはやギリシャから受け継がれた精神生活で統治するのではうまくいかない――ローマ法から受け継がれた法国家ではうまくいかない――残されているのは経済領域だけなのだ、と彼らは主張しました。彼らはしかし、経済生活だけしか考えていませんでした。エンゲルスは、未来においては、商品が管理され生産過程がコントロールされるだけで、人間は統治される必要はなくなるであろうと語りました。これは正しいとはいえ一面的です。

経済生活は、独自の基礎と土台の上に建てられなければなりません。社会有機体の経済分枝の中では、商品が管理され生産過程がコントロールされるだけです。経済分枝は、自立的にならなければなりません。しかし、もし社会有機体から昔ながらの法生活と精神生活を投げ捨てるならば、法生活と精神生活を新しく基礎づけることが必要です。すなわちその場合、商品を管理し生産過程をコントロールする経済生活と並んで、人間の平等に基づく民主的な国家生活が必要なのです。

さらに私たちには、近代の最初に入ってきた精神生活の再生のみならず、精神生活の新構築・新創造が必要です。そしてこうした精神生活を新しく創造する必要があるということを意識しなければならないのです。

【訳者解説】

（1）経済は、経済アソシエーションによって自立的にコントロールされる必要があるという点では正しいのですが、人間が統治される必要がなくなるというわけではありません。精神の自由が認められた場合に、それが格差や差別につながらないように、国家が平等を維持できるように人々をコントロールする必要がなくなるわけではないからです。さらに新しい精神生活を構築する必要性が認識されていないことも一面的だということです。

## 13　社会有機体の三分節化

近年の人類の発展において最も深いところで生きているものと、社会有機体の三分節の要求を通して言明されていることはつながりがあります。これは思いつきではありません。これは今の時代の深い必要性から生まれたものです。これは最も傑出した意味において現在にふさわしいものなのです。そんなことは理解できない、非常に難しいと語る人は少なくありません。もし皆さんが理解し難いと何度もおっしゃるとしても、私はともあれ、ここ4、5年の間に、皆さんが理解し慣れてしまっていることとは異なった、社会有機体の三分節化について述べているのです。人々は私が理解しなかったこと―わからなかったと私が語ったのですが―を理解することは易しいと思っています。物事は、理解しなさいと命令される必要がある、と思っているのです。偉大な司令部、あるいは審級が、物事を理解せよと命令しなければならない、命令されればそのように自分を枠にはめる、というのです。人々がそれを理解したのは、理解しろと命じられたからです。しかし今問題なのは、自由な人間の魂により何かを理解することです。そのためには魂が目覚めていることが必要です。にもかかわらず人々は目覚めることを望まないのです。問題は、自分で意志することなのです。なぜなら事柄を理解することが問題なのではなく、意志及び現実の中を覗き込む勇気が必要だからです。三分節化の考え方は、全く新しいトーンで人に話しかけなければなりません。今まで人が慣れているのとは異なった言葉で表現しなければならないのです。なぜならば私たちは現在、この三分節化で話されている言葉とは異なった精神・政治・経済に支配されているからです。

この三分節化では精神生活の更新が要求されており、本当に魂と客観的な精神生活との関連を感じるようになることが要求されています。その関連を今の人間は持っていません。なぜなら今日、人間が話す場合は、大部分が空文句《からもんく》だからです。言葉が意味する内容との関連を見出せない場合には、人間は空文句を話す羽目になります。人間に精神生活との関連が欠けているために、言葉が空文句になったのです。

近年、文明化された人々の間で、法や法の誠実さについて多くが語られてきました。人間が法に関して現実からはるかに離れてしまっていることは、現在の出来事が十分に示しています。もちろん今までは、法をめぐってではなく権力をめぐって論争がなされていました。にもかかわらず法として語られていたのですが。

そして、経済生活です。現在の経済生活を別のものに取り換えるということは誰も考えません。それゆえ、事実がひとりでに経過してしまいます。これが経済生活の特徴でありました。人々は生産し続けました。私は当時1914年(1)の春ウィーンで、この生産を〝社会的な癌〟と名付けました。生産され続け商品が市場に出回りました。全体の経済の循環は自律的に進み、思考によってコントロールされていませんでした。それは混乱した無計画な経済生活でした。法生活はといえば、単に権力生活にすぎませんでした。精神生活は空文句に堕していたのです。これが今までの三分節化でした。この三分節化から抜け出さなければなりません。まさに三分節化によって意味されている内容を正しく理性的に受け取り理解しないと、そこから抜け出せないのです。

**【訳者解説】**

（1）1914年の夏に第一次世界大戦が始まりますので、その直前のことです。

## 14 精神科学の力

これまでの三分節化からの脱出は、基本的に人智学を志向した精神科学に戻ることによって理解できる内容と結びついています。私が数週間前に公の講演で、根本的現実的な認識 ―つまり現在の指導的・主導的な人々は、もはや退廃的な脳に頼ることは許されないという認識― について話した時は、皆さんに不快感を与えたようでした。

皆さんは脳を必要としないもの、エーテル体を必要とするものを思い切って把握するようにしなければなりません。といいますのは、思考は人智学を志向した精神科学、脳を必要としない精神科学によって把握されなければならないからです(1)。

指導的な層、つまり今日のブルジョアジーは、すでに彼らの生理学的な発達からして、いやいやながらではあっても、精神的な認識 ―それは、退廃的な脳によっても養うことができる精神的な認識なのですが― を養おうとしている段階です。

プロレタリアートは精神的認識へと努力しています。プロレタリアートはまだ使われていない脳を持っていて、彼らの脳にはまだ何かが、先祖的・本能的な領域からやってくるのです。それゆえに、プロレタリアートは今日、物事の新しい秩序についての話を理解することができるのです。

そして今日では事態は次のようになっています。基本的に、プロレタリアートは全員が精神的な領域にアクセス可能であり、指導者たちだけがアクセスできないのです。なぜなら、指導者たちは市民化されているからです。彼らは実際のプチブル(2)以上にプチブル的です。彼らはプチブル性を受け継いだばかりでなく、一種高い文化へと育て上げてしまいました。

しかし他方では、おそるべき服従が支配しています。この服従こそがまず打破されねばなりません。それ以前には、この領域での治癒は存在しないのです(3)。

【訳者解説】

(1) 脳における表象は、単なる亡霊であり過去の影にすぎないものなので、ここから未来に向けた方向性を生み出すのは困難なのだという意味です。エーテル体は、生命体であり現在に生きている力です。過去の亡霊ではありません。つまり、死せる思考、過去の思考でなく、生きた思考、未来の思考を行いなさいということを意味しています。人が思考だと思っているのは、すでに死んでいて影の思考で、それを支えているのがエーテル体なのです。

(2) プチ・ブルジョアジーの略です。小粒の市民階級という意味で、労働者階級ではありません。

(3) 伝統的なブルジョア文化に対する服従のことを意味しています。過去の文化を真似して自分たちもブルジョア文化を身につけようとすることは、それに服従していることになります。過去の文化にしがみついているようでは、現代世界は治癒されないのです。

## 15　商品・労働・資本

現在の状況は、既に人が通常思い描いている以上に複雑です。それゆえ、基本的に秘儀参入の学問[1]だけが現在の社会問題の現実的な把握を可能にします。拙著、『現代と未来を生きるのに必要な社会問題の核心[2]』の中に、皆さんは現在の社会生活における三つの重要な概念を見出すことができるでしょう。この本を私は、人智学の人々のためだけでなく大勢の一般の人々のために書きました。

経済生活に対しては、まず商品ないし生産されたもの、〝財〟の概念があります。もう一つの重要な概念は、〝労働〟の概念です。三つ目の重要概念は、〝資本〟の概念です。現在の社会認識は、基本的にこの三つの概念に関係しています。この三つの概念の中に入り込むために、人々は、社会科学についてこれまでになんと多くを語ってきたことでしょう！

商品・労働・資本という三つの概念を内側から理解するために、19世紀の後半世紀の国民経済学[3]という学問で、何が浮かび上がってきたかを知った人は、三つの概念の中に入り込むことのできない経済学で、何が達成されたのかを知っています。つまり、この学問だけでは不十分だということです。

最近、ちょっとした例を挙げて説明したことがあります。現在の中部ヨーロッパの国民経済学の権威である有名なルヨ・ブレンターノ教授(4)は、最近「企業家」という表題の論文を書きました。そこで彼は、企業家の三つの特徴を展開しています。私は、ブレンターノの意味での三番目の企業家の特徴だけを皆さんに述べたいと思います。それは、企業家とは自分の計算や自分のリスクに基づいて生産手段を適用する人のことだというものです。確かに企業家は、生産手段の所有者であり自分の計算とリスクにより市場に対して生産する人です。

さて、現在の大学の国民経済学の権威である善良なブレンターノの概念は、次のように複雑化されています。ルヨ・ブレンターノは、同じ論文の中で、幸いにも「企業家や経営者のほかに、まだ企業家がいる。それは、すなわち現代の労働者である」とも述べています(5)。現代の労働者は企業家だというのです。なぜなら、労働者はまさに生産手段を、つまりは自分の労働力を持っており、市場に自分の計算と自分のリスクでもって労働力を差し出しているからです。

ルヨ・ブレンターノの概念においては、非常に明晰なかたちで労働者もまた企業家に入るのです。皆さんおわかりのように、今日の経済学はこれほどに賢いのです。お笑い草でしょう。しかし笑ってはいられません。なぜなら、まだ大学が精神生活での主導的な地位を占めているからです。大学は、国民経済学の領域でこうした考えを生み出していますが、人々はそれを認めたくないのです。

人々は、国民経済学の領域で滑稽な材料が生産されていることを白状したくないのです。事態はまさに恐るべきものなのです。

私たちは、この事態を無条件に直視しなければなりません。そして今日、差し迫った日常的問題であるこの社会問題に対し、すべての学問が不十分なのは一体なぜかと問わなければなりません。私がここに滞在する間に、この問題について、より詳しく皆さんに語ることができたら私は満足ですが、今日は、なぜそうであるのかについてだけ触れることにしたいと思います。

商品という概念もまた、経済的に見て何であるのか、通常の学問は特徴づけることができません。皆さんは想像的な認識(6)を基礎に置かなければ、商品という概念には到達しません。想像的な認識が基礎にあってはじめて商品の概念が把握できるのです。

そしてまた、インスピレーション的な認識(7)が基礎になければ社会経済的な点で労働を把握することはできません。そして直観的な認識(8)が基礎になければ資本を定義することはできないのです。

商品の概念は想像力を要求し、
労働力の概念はインスピレーションを要求し、
資本の概念は、直観を要求するのです。

以上のように定式化しないと、これらの概念は混乱した素材となってしまいます。この点から、皆さんは特殊な例として、なぜ混乱した素材が生まれてこざるを得ないのかを理解することができるでしょう。

なぜ、ルヨ・ブレンターノは企業家概念と符合する資本概念を、労働者も資本家、つまり企業家であるとして定義するのでしょうか？　彼はもちろん現在の非常に賢明な人物ですが、しかし資本の現実の概念を獲得するためには、直観的な認識が必要であるということに気づいていないのです。

ともあれ、一つの迂回により、そのことがわかるでしょう。聖書は、この迂回により、あることを暗示しています。資本主義を拝金主義であると語っているのです。聖書は資本を特別の精神性と結びつけています。しかし精神性は直観によってしか認識できません。聖書に既に書かれているように、資本主義で作用している精神性である拝金主義を認識するには、直観が必要です。私たちには、聖書の指摘を現代化する世界認識が、今日まさに必要なのです。[9]

今日では、幾分風変りと見なされている資本に、事象にふさわしく貫入しようとしなければなりません。この領域での本当の事象の認識は、純粋な真の精神科学による社会的直観に貫かれる必要性をいたるところで生み出します。これは、とらわれのない生活の観察者から、実際に湧き上がってくるはずです。

バーゼルのベルヌリアヌム[10]にいた人は思い出してください。私がここでの講演に旅立つ前に、バーゼルで、ある人物がディスカッションで提示した、「どうしたらレーニン(11)が世界支配者になるでしょうか」という考えるに値する質問を思い出してください。質問者の見方によれば、レーニンが世界支配者になる前に、社会の治癒はないというのです。これがどんな種類の混乱を意味するのかを考えてみてほしいのです。

これは次のことを意味しています。今日もっとも急進的にふるまう人が最も反動的である、ということを意味します。社会主義はそうした人間を求めているのです。「支配関係を社会主義化するところから始めなければならない」そして「まずは社会主義をレーニンによる普遍的な経済君主制から始めよう」ということです。これでは支配関係を社会主義化する手始めとはなりません。

今日、事態は、このようにグロテスクな形態で現れています。レーニンが世界支配者になるべきであると語られた場合、このような事態は本当に考えるに値します。事態は今日まさにこのようになっているのです。最も啓蒙された概念を持っていると信じている人間が、真逆の概念を抱いているのです。精神科学から十分な明晰さを求めるのでなければ、この領域で明晰さに到達することはありえません。

【訳者解説】

（1）秘儀参入の学問というのは精神科学の古い形態です。

（2）『現代と未来を生きるのに必要な社会問題の核心』（シュタイナー著、高橋巖訳、イザラ書房）

（3）国民経済学というのは当時の経済学で、マルクスたちが批判の対象にしたものです。

（4）ルヨ・ブレンターノ（1844〜1931）は当時のドイツの著名な経済学者です。

（5）労働者が企業家であるとは、今の日本の実感からして誰もそうは思わないでしょう。実感からしてありえないことが理論的に正しいこととして主張されています。このことは滑稽であるというわけです。国民経済学の理論は、現実的ではなく、抽象的なのです。

（6）想像的の原語は imaginative ですが、この言葉は霊視的と訳される場合もあります。つまり、イメージによって認識するのです。目に見えないものをイメージ的視覚的にとらえる認識力というニュアンスです。

（7）インスピレーション的な認識というのは、霊聴的認識と訳される場合もあるように、視覚的ではなく、聴覚的に言葉で目に見えないものを把握する力というニュアンスです。

（8）直観的の原語は intuitive ですが、この言葉は〝霊的合一的〟と訳される場合もあります。霊的な存在が見える段階が〝霊視的あるいは想像的認識〟、霊的存在の声が聞こえる段階が〝インスピレーション的認識あるいは霊聴的認識〟、そして霊的存在と一体化してそれになりきる認識が〝直観的認識、あるいは霊的合一的認識〟ということになります。例えば、商品という概念を認識する場合に、商品を支えている精神的部分を見ることが大切で、労働概念を認識する場合には、労働から聞こえてくる声を聴くことが大切で、資本概念を認識する場合には、抽象化された資本と一体化して資本に含まれる精神的部分と一体化することが大切であるということです。結局、物的に構成された概念ではなく、精神的部分に着目して社会の概念は理解する必要があるというわけなのです。

(9) 資本主義の背後には、お金を神のようにあがめる精神があることを見通すことが必要ということです。

(10) ベルヌリアヌムというのはスイスのバーゼル大学の記念碑的建物の名前です。

(11) ウラジミール・レーニン(1870~1924)は、1917年のソビエト革命の中心的人物です。学生時代から革命運動に参加、流刑・亡命生活を経て1917年二月革命後帰国し、ボルシェビキを率いて十月革命を成功させ、史上初の社会主義政権を樹立しました。革命後、人民委員会議長としてソビエト連邦の建設を指導しました。

### ワインとバイオダイナミック農法

2015年、静岡県にあるベルナール・ビュフェ美術館でシュタイナーの黒板絵の展示会が開催されました。この時、バイオダイナミック農法に基づいて作られたワインがおいしいと、静岡でも人気があるという話を耳にしました。シュタイナーが創始したバイオダイナミック農法は、有機農法の中でもさまざまな点でユニークであると有名ですが、実際に、味が良く、かつ健康な作物ができることから世界中で知られるようになりました。例えばバイオダイナミック農法によるワインの場合、シュタイナー云々とは無関係に、その味の良さから広く愛飲されています。シュタイナーの思想はこのように実践され、確証されることで広く受け入れられているのですね。バイオダイナミック農法では、月や惑星、恒星の影響と種まきから収穫までの時期を対応させて農作業や加工品作りができるように編まれている『種まきカレンダー』が用いられます。

＊参考：『農業講座』（シュタイナー講演録／新田義之他訳、イザラ書房）『種まきカレンダー』ぽっこわぱ耕文舎編イザラ書房）

### ヴェレダ社

今から40年前に日本に入ってきたヴェレダ（WELEDA）社は、オーガニックな薬品や化粧品を扱っている会社として知られていますが、実はシュタイナー系の会社です。癌の薬イスカドールを作っているのもヴェレダ社です。オイルとして日本で一番売れているのはアルニカ・マッサージオイルだそうです。

# 第2講

Zweiter Vortrag

## 1　個人として人格の頂点に立つ

人智学的な精神科学(1)が、現代および近い未来において何を問題としているかを理解するためには、人類の発展がちょうど15世紀の半ば以来、いかなる特徴を示しているかを考慮しなければなりません。つまるところ、まさに現在起こっているすべては、15世紀の半ば以来、まったき人格として、一人ひとりの人間がそれぞれ独自の個性として、人格の頂点に立とうとする衝動が人類の中に生きているということに関わっています(2)。個性として人格の頂点に立つということは、以前は不可能でした。後アトランティス時代の人類の発達(3)の中で、第四期以前(4)には、これは人類の課題ではありませんでした。私たちが、そのさなかにいる大きな変動を理解するためには、私が昨日再び特徴づけた内容をより正確に見る必要があります。

私たちは精神生活において、今なおギリシャ人の心性構造のままです。私たちの思考形成の方法や、私たちが世界について慣れ親しんだ考え方は、もともとギリシャ人の心性構造の残響だといえます。そして、私たちが今日慣れ親しんでいる法の見方など法に関わるすべては、ローマ人の心性の残響なのです。私たちは自分たちの国家を、基本的にローマ帝国の国家形態と同じ形態と見なしています。そしてもし私たちがこの混乱した現在の中に、社会有機体の三分節をなぜ導き入れる必要があるのかを洞察するなら、三分節の必要性を明瞭に認識し、明確な意志を持ってそれをしようとすることができるのです。

【訳者解説】

（1）目に見えない生命的な部分をも含めた見方である精神科学的な見方の中で、人間を中心に置く見方を人智学とシュタイナーは表現しています。神を中心に置く神智学に対比した見方でもあります。

（2）個性として人格の頂点に立つという目標は、1413年から始まり3573年まで続く第五文化期つまり現代の人類の目標であり、一人ひとりが個性的な人間として自己形成することが、今の人類の課題なのです。通常の世界史から見ても、イタリアルネッサンスでは人間の一人ひとりの感性が自由に解放され、宗教改革では一人ひとりが直接聖書を読んで神と対話することが目指され、フランス革命では身分制度が廃棄され、自由・平等・博愛が求められました。西洋の個人主義は、現在の人類的な課題です。現在、世界中で信奉されている民主主義を支えるのは、権威が語るからでも世間が語るからでもなく、利害関係からでもなく、自分の思考・感情・意志に基づいて自分で判断する人間が話し合うことができる人格の頂点に立つ個性的な人々の存在です。こうした人間を形成することが、実にシュタイナー学校の教育目的なのです。

（3）アトランティスは、プラトンの『ティマイオス』に、ソロンがエジプトの神官から聞いた話として紹介されています。シュタイナーによれば、1万年ほど前にアトランティス大陸が滅亡したあと、後アトランティス時代が始まり、それが、第一期＝古代インド文化期、第二期＝古代ペルシャ文化期、第三期＝エジプト・カルデア文化期、第四期＝ギリシャ・ラテン文化期、第五期＝後アトランティス第五文化期（1413~3573）、ロシア文化期、アメリカ文化期と移行すると考えられています。

（4）注（3）にあるように、第四期はギリシャ・ラテン文化期のため、それ以前の四つの文化期が想定されています。

## 2　ギリシャの心性

ギリシャの心性の構造は、主に次のことにより規定されていました。つまりギリシャでは最も傑出した意味で、歴史の発展において15世紀の半ばまで主流をなしていた精神構造が確かに存在していたのでした。ギリシャの領土には、抑圧された民衆とその征服者がいました。征服者はその土地を当然のものとして要求しましたが、同時にまた彼らの血統に基づいて古いギリシャの精神性を規定したのです。ギリシャの心性構造が、アーリア系の征服民族の血族の特徴からどのように生まれたのかについて社会的人間関係を考えるのが正当であるということを視野に入れなければ、古代ギリシャの心性構造について正しく判断することはできません。もちろん近代の人間はギリシャで基礎づけられたものを超えて成長しています。ギリシャ人にとっては二種類の人間がおり、いわばメリクリウス[1]を崇拝する人間と、ゼウス[2]を崇拝する人間がいるということは自明でした。この二種類の人間の階級は、お互いに大きく異なっていました。しかし世界や世界の神々については、征服民族が自分の民族の出自に基づいて考えたようにとらえていました。すべては、征服民族と被征服民族の衝突から生まれたものによって規定されていたのです。今日、現在の社会で生きているものをより正確に眺め、私たちの感情に従い、私たちの魂の中の深い意識の中に生きているものに従えば、もはや貴族主義的な世界観は見られないでしょう。しかしこの貴族主義的な世界観は、私たちの理念の中にまだ生きているのです。とりわけ高校によって教育された場合にはそうです。高校すなわちギムナジウム[3]では、授業に属するものはすべて、ギリシャ主義の再生、残響でしかないかのように作られています。そしてやがて大学の中に、実際的な工科大学や農業大学が形成されてくるのですが、残念ながら大学の外的な構造は、ギリシャの高等教育の構造として移入されたものに倣って形成されたのです。

　ギリシャの時代には、ギリシャ的なるものが高く評価されて当然ですが、私たちの時代には精神生活の革新が必要であるということを明確にしなければなりません。ギムナジウムにおいてギリシャ的概念により教育を受けた者たちによる若者の教育は、ますます私たちの時代にはそぐわないものとなってきています。もちろん今日でもなお、すべての指導的地位には、ギリシャ的概念をギムナジウムで学んだ人々がいます。とはいえ小さな改革の時代ではなく、大きな改革の時代が来ていること、またそうしたことについて実際的に考えなければならないことから、既に古い思考習慣を維持することはできなくなってきているということに気がつくことが必要なのです。

【訳者解説】
（1）メリクリウスについては、第一講の9【訳者解説】（4）を参照してください。
（2）ゼウスについては第一講の9【訳者解説】（6）を参照してください。
（3）ドイツの大学進学ルートの中高一貫校です。

## 3　ローマの影響

皆さんは既に、ギリシャでは血族的に形成されたものが、次にローマでは抽象的になってしまったことを知っています。これついて私は既に述べました。ギリシャの社会　―それを人は国家と呼ぶことはできません―　は、生まれつきの血族的身分に由来していましたが、この血族的由来はローマには移行しませんでした。ギリシャで分節化されていたように、身分により分節化する衝動はローマに引き継がれましたが、この分節化の原因をローマ人は血族の中で感じてはいなかったのでした。比較的古い時代のギリシャでは、低い種類の人間、被抑圧者の民族がいて、高貴な種類の人間、アーリア民族がいるということを疑う人はいませんでした。しかしローマ人はそうではありませんでした。ローマ帝国の中でローマ人は、社会の分節化は権力、そして暴力によって移譲されたという意識を強く持っていました。以下を思い出せば十分でしょう。ローマ人の起源は〝盗人連盟としてローマを創設するために呼び寄せられて集まったローマ近隣の盗人たちの集会にあった〟ということをです。また、ローマの建国者には繊細な母乳を飲ませるのではなく、ご承知のように、森の中で狼の乳を吸わせたのでした(1)。

これらすべては、暴力による委譲と受け取られたのでした。そして社会の分節化に関しては、すべて抽象的な概念によって分節化される方向へと向かったのでした。それゆえローマの魂の構造が、法概念、国家概念に関して現在も残っているのです。

こうした話に際し、私はいつも一人の年老いた友人を思い出します。私は、彼がかなり年老いてから知り合いました。彼は青年の時、一人の少女と恋に落ちました。そして秘かに婚約したのでした。しかし二人は無一物だったので結婚はできませんでした。そのため二人は待ちました。お互いに誠実でした。彼は婚約したとき18歳でしたが、結婚しようと考えたのは64歳になってからでした。といいますのは、その年になって、今結婚に踏み出すことができると思えるほどに豊かになったからなのでした。そして彼は故郷に帰りました。故郷はザルツブルクの近くでした。長い間婚約していた人と、そこで結婚したいと望んだのです。しかし帰郷して目にしたのは、牧師館と教会が燃えてしまった跡でした。そのため、その人物が洗礼を受けた証である洗礼証明書を入手することができませんでした。町の人々は、彼がその地で生まれたということを信じませんでした。私は、彼の手紙が届いた頃の様子をなお生きいきと思い出すことができます。当時私はウィーン新町に住んでいました。そこに彼の手紙が来たのです。彼はウィーン新町で仕事をしていましたが、その時はザルツブルクの近くの誕生の場所を旅していました。この手紙の中で彼は次のように語っていました。「はい、私は、私がここにいるのだから私が生まれたということは自明であると思うのです。ところが人々は、洗礼証明書がないので、私がここで生まれたということを信じないのです。そこで私は弁護士とも話してみました。弁護士は、『訴訟では、その人物がいるかいないかは大して重要ではないのです。私たちが必要なのは、洗礼証明書だけです(2)』と語ったのでした」と。

おわかりでしょう。この話を何度も思い出さなければなりません。といいますのも、この話は非常にグロテスクな形であちこちで起こりうるからです。この話の中に生きている気分は最終的に、〝ローマの本質の上になお私たちの全体の公的生活が築かれている〟ということを示しています。もちろん多少の地域差はあるでしょうが。実際に、今日では人間であるからということによって、あるいは人間としてそこに立っているということによっては、世界の市民にはなれないのです。人は、市民として認められ登録されることによって世界の市民となりうるのです。こうしたことがすべてローマの本質に帰着するのです。血筋が登録に移行したのです。

この結果、まさに今日では登録制度が退廃主義に堕落し、多くの人はもはや人間が人間として価値があるということを信じません。そうではなく何らかの官僚的な位階の中に位置づいているということ、あれこれの公人としての位置づけによって何らかの価値があると信じています。人々は人格性よりも非人格的なるものをローマ法の概念から引き出しているのです。しかしながら15世紀以来、人間の中で無意識に、また意識下で、すべてにおいて人格を頂点に置いた上で築きあげていく努力がなされているのも事実です。これは私たちの精神生活に関連して、また私たちの法生活に関連して、時代は古くなっており、精神と法の二つの領域に関しては真の革新が必要なことを示しています。真の革新は、人間性の発展から生まれた深い衝動と関連があるのです。

【訳者解説】

（1）ギリシャの時代は、民族の血が大きな役割を果たしていましたが、ローマの時代になって、お役所的（官僚的）な公的証明書が、本人の存在よりも重要になりました。市民の確立です。そこでは人格が、その人自身が軽視されてしまっています。それに対し15世紀以来の人類の課題は、まさに人格の頂点に一人ひとりの存在（個性）を置くことにあるのです。

（2）現在のマイナンバー制や本人確認のことを思い起こせばわかるのではないでしょうか。

## 4　15世紀の半ば以降

もう一度、15世紀の半ば以来、新しい人類の認識が、とりわけ自然科学的思考法によって促進されたことを思い起こしてください。ここでいう自然科学的思考は、抽象的な自然法則の上に築き上げられ、感覚的な直観と、この感覚的直観に関してなされる思考に基づいています。感覚的直観から来たものと、この感覚的直観について考えたことだけが正しいのです。さて再び述べますが、こうした自然の見方、つまり先ほど述べたような仕方で獲得した自然の見方では、自然のゆがんだ像しか得られないという正当な見解を抱いている人々が今日少なからず存在しています。自然探究者が世界の像として描くものは、世界のゆがんだ像であり実際の世界ではありません。それゆえ私たちは、以下のように述べなければならないのです。15世紀の半ば以来、人類は、世界の半分だけを取り上げて世界のゆがんだ像を作り上げています。その背後には、秘教の科学[1]にとってみれば、非常に深いものが潜んでいるのです。そしてこの潜んでいるものを、私たちはもう一度、眼前に呼び出さなければなりません。

おわかりのように感覚的直観（表象）だけでは、たとえそれが幻影であるとか、あるいはその他の何かとしてみなしたとしても、ゆがんだ像を修正することはできません。幻影であるかどうかということは、深い世界観にとってはどうでもよいことなのです。感覚的直観自身は修正できません。感覚的直観は、それが「であるところのもの」でしかないのです。赤い花は、赤い花です。その赤い花が幻想なのか現実なのかはどうでもよいことです。それは、それがすべて感覚的直観であり、「であるところのもの」だからです。議論が始まるのは、この感覚的直観について考え始めた瞬間であり、この感覚的直観（表象）をあれやこれやのものとして見る瞬間、あれやこれやのものとして解釈する瞬間です。そのとき初めて困難が生まれます。なぜそこで困難が生まれるのでしょうか。困難が始まる理由は、15世紀半ば頃に私たちが作り上げた概念が、以前の人間の概念とは異なった概念だからです。今日の歴史は真実をゆがめているので、この概念を人は、全く間違った意味でとらえています。15世紀半ば以前の人間という概念を理解できる人なら、当時の概念が内面的なイメージによって満たされていたこと、この概念がそもそも空想にすぎなかったことを知っています。今日あるような抽象的な概念は、15世紀の半ば以来ようやく存在するようになったのです。

**【訳者解説】**

（1）秘教の科学とは、古い時代の精神科学のことです。

## 5　抽象的概念の起源

なぜ私たち人類は、15世紀の半ば頃、こうした抽象的な概念を持つように発達したのでしょうか。こうした抽象的な概念を私たちは今日、非常に誇りにしており、その概念の中で右往左往しています。ご承知のように、人類全体として私たちが築き上げたこの抽象的な概念は、感覚的世界に適用されましたが、しかし感覚的世界に対しては役に立たないという特徴を持っています。私はそれを拙著『哲学の謎』[1]の中で次のように述べました。「抽象的概念は、人間が外界に関して認識し概念を形成するようになるための、魂の発展の一つの脇道なのだ」と。まさしく地上において、いわば穀物種子のことを考えた場合のように。穀物種子は、本来、再び植物になるように自然によって定められています。しかし多くの穀物種子を私たちは粉に挽き、パンとして食べます。ですがこれは穀物種子からすれば、あらかじめ決められた道ではないのです！　穀物種子の中に私たちが自分たちの身体を養うために必要な化学的構成部分が含まれているのであろうか、と問うた時、この問いは穀物種子にとって脇道の発展です。穀物種子、小麦、ライ麦の本質・本性には、私たちを養うことは含まれていません。そこから新しい小麦あるいはライ麦を生み出すことが種子の本質なのです。このように私たちが15世紀半ば以来獲得した抽象的概念により外界を把握することは、私たちの本質には属していません。そうではなくて、もし私たちが正しくその本質の中に入り込んだならば、何か別のものをこの概念から生み出さなければならないのです。今日の人類が15世紀の半ば以来発達させてきたこうした概念は、私たちが、霊界から受胎によって地上に降りてくる前に霊界で体験したものの影の像です。皆さんが表象することができるようになるための、影の像です。私は既にしばしばそうしたことに注意を向けてきました。《下の図が描かれる》：ここで誕生あるいは受胎がおこります。人間の人生はこのように進みます。もしあなたがそうしたことを表象するとすれば、私たちの内部にある概念の力は、誕生ないし受胎《下の図を見よ》以前に体験した内容の残響です。その霊界由来の概念を地上的な感覚世界に応用することにより、私たちは概念システムを誤用しているのです。

誕生あるいは受胎

【訳者解説】

（1）『哲学の謎』（シュタイナー著、山田明紀訳、水声社）

## 6　現代の課題

ご承知のように、概念システムの誤用を避けるということが、ゲーテ[1]の自然把握の基礎になっています。ゲーテは自然法則を概念によって表そうとはしませんでした。彼は原現象[2]、すなわち関連付けられた外的直観を求めたのでした。なぜなら私たちの概念の力は、外的自然にはそのまま直接適用することができない、ということをゲーテは感じ取っていたからです。私たちは概念能力を純粋思考[3]として形成しなければなりません。そして私たちが概念能力を純粋思考として形成したならば、それが誕生前の精神的存在を指し示してくれるのです。私たちが今日のような特別の思考を手にしているのは、肉体をまとう前の私たちの霊的本質を、この純粋思考の中で理解するためです。ところが人間が自分を霊として把握するためにそうした思考力を持っているということを、人類はまだ認識していません。むしろ後アトランティス第五期の課題は、今の人間の魂には関連づけられていないのです。私たちの自然科学は私たちが純粋な自然にとどまるようにと、ある程度私たちの人類の運命の中へと入り込みました。自然について思弁するのではなく、正しく自然を直観し、次に私たちが受胎と誕生により肉体をまとう以前に霊としてどのように存在していたかを見るために私たちの概念を作り上げる、というような形で概念を使用するためにのみ、自然科学が生まれたのです。今日でもなお人々は、人間の概念能力により、単に外的な感覚的直観を分類すればよいのだと考えています。15世紀の半ばに人間が抱いている思考を、人間が肉体を身につける以前に滞在していた精神世界に適用したときに、はじめて倫理的に正しい行為をすることができるようになるでしょう[4]。

　後アトランティス第五期に、人間自身がそのように精神的なもの（スピリチュアルなもの）、つまり自分が生まれる以前へと否応なく導かれていくのです。そのように人間は、なお何か他のあるものにより独特の状況へと導かれていくのです。その状況を人間が形作り、さらに発展させなければなりません。自然科学的な産業主義の実態のない悪魔的な世界観も、並行して進んでいきます。産業主義のもっとも重要な点は、産業主義の担い手である機械のことを人間が精神的にすべて見通せてしまうということでした。機械においては何も変わらないのです。私が昨日注意を喚起しましたように、鉱物でさえなおあるものが不透明であるのに、機械はすべて見通せてしまうのです[5]。その結果、機械に向けられる人間の意志は、実際、現実には向けられてはいません。機械は基本的に包括的な世界現実にとって、怪奇な幻想なのです。そして産業主義が私たちの生活の中で、人間の意志を宇宙的意味において無意味なものにしてしまうのです。機械と産業主義の帰結のすべてが人間の意志を無意味にしてしまうという確信が、新しい人間によって十分担われるようになったならば、それは深い一撃になることでしょう[6]。今の時代は既に、機械の作用が最高潮に達している段階に来ています。といいますのは、今日地上で作られているものの四分の一が、人間の意志によらずに機械によって作られているからです。四分の一です！　これは、何か尋常でないことを意味しています。人間の意志は、この地上においてもはや意味をもっていないのです。

【訳者解説】

（1）ヨハン・ヴォルフガング・フォン・ゲーテ（1749~1832）は、ドイツの偉大な詩人としてまた小説家として有名ですが、シュタイナーはとりわけゲーテの自然観察の方法を高く評価しました。なぜならそれは精神科学的な観察法であったからです。ゲーテは大学で法律を学びましたがヘルダーとの出会いを契機に文学に目覚め、シュトゥルム・ウンド・ドラング運動に参加。『若きウェルテルの悩み』で一挙に文名を高めました。１７７５年以後はワイマール公国の要職を歴任し、１７９４年以降はシラーとの交友でドイツ古典主義を確立しました。また、色彩論など自然科学の研究にも優れた業績を残しました。シュタイナーは「ドイツ国民文庫」の『ゲーテ自然科学論文集』の校訂を引き受け、ワイマール版『ゲーテ全集』編纂の仕事に携わり、優れた解説と註釈によりゲーテ研究者として認められていました。

（2）「原現象」は、ゲーテ独自の用語で「根本現象」とも訳されます。ゲーテは自然科学のいわば外側から観察する方法ではなく、植物を内側から感じ取ることにより、植物そのものの動的本性を把握しようとしました。植物を観察する際に、植物的なるものが種から芽を出し葉を拡げ、花を咲かせるというかたちで変容していく様子を原植物の変容として内側から直観的に感じ取ろうとし、原植物に到達したのでした。

（3）「純粋思考」についてですが、我々の通常の思考というのは対象物とのかかわりで用いられます。ところが思考には本来、対象物をいわば消し去った時、それでも残る思考の力が存在しているのです。その思考の力を感じ取った時、それを純粋思考と呼びます。日常的な思考は影の思考なので、目の前にある現実的な世界しか把握できません。しかし地上的な感覚世界と思考の結びつきを切り離した時に、その思考本来の力を認識することができます。この霊的な思考の状態を純粋思考と呼びます。

（4）科学的な思考とスピリチュアリティすなわち良心が結びついたときに、倫理的に正しい行為ができるというわけです。

（5）人間の意志を動かしているモノは目に見えません。産業社会での機械は目的をもって作られています。人間が機械に合わせて働くようになっています。鉱物は機械と異なり人間が生み出したものではなく自然（神）が生み出したものなので、人間には見通せない部分つまり目に見えないスピリチュアルな部分があるのです。

（6）機械は人間の意志の自由を侵すということに気付くことが、今大切だということです。

## 7　東洋の語り

たとえば、皆さんがよくご存知のラビンドラナート・タゴール(1)の語りを読んだとしたら、皆さんはこの語りの中に、何か通常のヨーロッパ人の悟性や知性にとっては理解できないものを感じ取ることでしょう。今日教養あるアジア人が語る内容の中には、西欧とは別の基調音が流れています。なぜなら教養あるアジア人にとって、ヨーロッパの精神が、機械にただひたすら適応していることは理解不能であり、生きる意味のないことなのですから。東洋の人々にとって、機械の作用や産業主義の作用は無意味なものです。そしてヨーロッパの人が信じるかどうかにかかわらず、東洋人にとっては、機械時代に生まれたヨーロッパの政策もまた無意味なものなのです。東洋人はこの政策を、どんな意味にも結びつけることはできません。もし現在の教養ある東洋人が――東洋においては、古い東洋の教養人によってではなく、西洋的な人間と、その模倣者である日本人などによって産業主義は実施されたのでありますが――人間労働の四分の一が、意味のない仕事であると感じているとしたら、なお多くのいにしえの直観能力を持っている東洋人は、人間が機械の中に労働としてひそませたものは、すべてまったく無意味であると知っています。もし人間が、鋤《すき》をつけた馬を歩かせ、馬とともに労働するならば、この労働は直接的な現在を越えて一つの意味を持ちます。この労働は宇宙的な意味を持つのです。もしスズメバチが蜂の巣を作るならば、この蜂の巣は宇宙的な意味を持ちます。もし人間が火打石を打って火花を飛ばし火口に火をつけ火を起こしたとしたら、人間は自然と関係を持ちます。そこには宇宙的な意味があるのです。現在の産業主義により私たちは、宇宙的な意味を喪失してしまいました。もし私たちが電気の光をつけたならば、そこには、もはや宇宙的な意味は生きていません。宇宙的な意味は追い出されてしまったのです。そしてもしあなたが、全く機械的に形成されている現代の工場に入っていったならば、そこは宇宙の空洞です。宇宙の発展に対して何の意味も持ちません。もしあなたが森の中へ行って木を集めたならば、それは、地球の発展を越えて宇宙的な意味を持っています。もしあなたが現代の工場をそこに含まれているすべてとともに眺めたとしたら、地球を形成する以上の意味は持ちません。宇宙的な意味を持たない形で人間の意志がその中に投入されているのです。それがどんな意味を持っているかを考えてみてください。すなわち私たちは15世紀の半ば以来、幻想的で現実に到達しない認識を発展させてきたのです。私たちは私たちが機械に奉仕することによって、ますます多くのことを成し遂げ、ますます多くのことを産業的な活動として行っていますが、私たちが意志に関して産業的な活動に投入しているものは、世界の発展に対しては意味がないのです。

【訳者解説】

（1）ラビンドラナート・タゴール（1861~1941）はインドのゲーテとも呼ばれて

いる優れた詩人で、アジア人最初のノーベル文学賞受賞者です。若くして詩才を認められ、17歳の時に渡英して西欧文化に触れました。1890年以後ベンガル農村文化に深く親しみ、寄宿学校を創立し、農村改革運動を進めました。1910年、宗教的瞑想生活の中から生まれたベンガル語詩集『ギターンジャリ』を刊行、その英訳により1913年ノーベル賞を受賞しました。ガンディーらの独立運動では精神的支柱となりました。

## 8　認識の幻想化と意志の無意味性

大きな問題が人間の感情の前に現れています。私たちの認識が幻想的であり、私たちの意志が全く無意味であるという状況は、人類の発展全体に対して何か意味があるのでしょうか？　確かにそれは一つの意味を持っています。意義深い意味を持っています。それは、私たちが人間として幻想的な認識を越えて現実の認識へと突き進むことにより、自然を直観的に見ることに留まらずに自然の背後にある精神的なるものに突き進むという意味、すなわち現実認識へと進むという意味があります。人間が概念によって同時に精神をも手に入れている限り、人間はそのままでよかったのです。人間は自分で精神を征服するよう緊張する必要はありませんでした。近年においては、私が述べましたように、人間には精神を含んでいないが、しかし自らを精神へと高めていくことができる概念だけしか残されていません。言い換えると人間の中には、抽象的な認識から現実的な精神認識へと突き進む動因が存在しているのです。そして私たちが生の無意味さと結びついた産業主義を経験して以来、人間の意志に対して新しい一つの意味を見つけなければならないのです。そしてその意味を探し出すことができるのは、意味を精神的なるものから取り出して精神から生まれる課題を探し出し、産業主義という無意味なものに意味をもたらす世界観へと私たちが上昇した場合のみなのです。以前はその必要はありませんでした。なぜなら意志は、その衝動を本能を通して精神から受け取ることができていたのですから。過去においては精神を通して意志するために、特に上昇する必要はなかったのです。今日では、精神を通して意志するために特別の努力が必要です。そして私たちは無意味な産業的意志に対して、精神から生まれる意味に満たされた意志を対置する必要があるのです。

## 9 子どもの発達段階

昨日私は、どのように教育すべきか一つの例を挙げました。まず人間は7歳までに物質的体を特に発達させるため模倣者であるという認識が必要です。私たちはそれを教育の基礎としなければなりません。次に7歳から14歳までは権威の原則に基づいて人間を発達させなければならないということを知る必要があります。そして私たちが7歳から14歳までエーテル体がどのように発達するのかを知ることにより得られるような精神の認識を、教育制度のモチーフとする必要があるのです。14歳から21歳までアストラル体がどのように発達するのかも知っていなければなりません。そしてこの認識もまた、教育制度のモチーフにしなければならないのです。そうしてようやく私たちは、精神を通して意志することができるのです(1)。

【訳者解説】
（1）肉体の発達だけでなく、エーテル体の発達やアストラル体の発達を考慮したときにはじめて、人間のホリスティックな発達を支えるという目標に向かうことができるというわけです。

## 10 内的な真理感情の必要性

15世紀半ばまでは、人間は本能的に精神から意志することができました。私たちは基本的に外的な生活において、機械的なものの中に働きかけようと意志しています。徐々に国家を機械にしてしまった政治の分野(1)においてさえ、そのように意志しているのです。私たちは、精神によって魂を込められた意志へと戻る努力をしなければなりません。そのために私たちは、精神科学の理念を受け入れる必要があります。たとえば教育に際して、私たちは精神世界の認識に基づいて、人智学的な精神科学が述べているように教育することを始めなければなりません。私たちは精神を通して意志を意識化し[2]、精神と協調して初めて、産業主義の無意味な意志に対抗することができるからです。

このように産業主義は、すべての人間の荒廃や魂の荒廃を伴ってそこにあるのですから、私たちはこの荒廃の中で精神から意志するために全力で努力する必要があります。そしてもし私たちが、精神の認識から教育されるように人間を教育するならば、私たちは教育において、精神を通して意志し始めることができるのです。今の時代においては多くのことを考え直さなければなりませんが、そのためには慎重かつ親密に形成された内的な真理感情[3]が必要です。今日私たちは次のことについて明確でなければなりません。内的な真理感情というものは、私たちがまだそれを適用するのに慣れていないところにおいても、徐々に適用しなければならないということをです。もし人が、「もし君がラファエロ[4]を彼の絵ゆえに尊敬するとしたら、それは正しい。しかしラファエロが描いたように描くべきだと要求するとしたら、君は正しくない」と言ったとしたら、今日多くの人が驚くかもしれません。といいますのは、ラファエロが描いたように描く人は良くない画家であると知っている人だけがラファエロを賛美する権利があるからです。なぜならば、ラファエロのように描いた場合、私たちの時代の衝動から描いたことにはならないからです。もし人が、このある特定の時代の課題を、その時その時に完全に感じ取るようには感じ取れないとすると、その人は時代をも感じ取れないということなのです。私たちの時代には、全く親密な真理感情をこの方向で獲得することが必要です。しかし現在の人間は、この関係においては正反対のものによって貫かれています。といいますのは、いたるところで真理感情には穴が開いていて機能していないという印象を人々は抱いており、正しいことを正しいと言い、間違っていることを間違っていると言うこと、嘘を嘘とはっきり示すことにひるんでいるからです。この関連で今日確かに人は、最も恐るべきことを経験することになりました。にもかかわらず人々は、経験可能なそのような恐るべきことには無関心なのです。しかし大切なのは、例えば真実を感じ取り、ラファエロの絵画が現在には属しておらず過去のものとして見なければならないということ、過去のものとして称賛されなければならないということを知っている、ということなのです。これが私たちの時代に特に必要なことです。私たちは魂の最深部から真実であるという衝動がやってくる場合には、こうしたことに目を向ける必要があります。私はしばしば、ヘルマン・グリム(5)がミケランジェロ(6)の人生の叙述の中で述べた美しい箇所を思わざるを得ません。そこでグリムは、ミケランジェロの「最後の審判(7)」について語っています。グリムは、当時どれほど多くの「最後の審判」が描かれたかについても語っています。グリムは当時の人々が、壁画として書かれた内容の真実性を現実に十分に体験していたというのです。人々は、「最後の審判」の絵の中に、一つの現実を体験しました。今日ではミケランジェロの「最後の審判」の絵を、ミケランジェロがその人々に対して描いた当時の人々のようには現代人は感じない、ということを意識に上らせずに鑑賞することは無理です。私たちは当時の人々の感覚を失ってしまったからです。私たちはせいぜい、この絵は私たちがもはや直接的な現実とは信じない何かについての絵なのだ、と言うことしかできないのです。

【訳者解説】

(1) 唯物論的機械論的な国家観は、ホッブズの『リヴァイアサン』(岩波文庫)を起源としています。天文学が機械化・唯物化すると、ラメトリの人間機械論など、機械を社会や人間のモデルとする考え方が普及していきます。この傾向は現在にも見られるといえるでしょう。

(2) 精神を通して意志するための教育が、シュタイナー教育なのです。

(3) 内的な真理感情とは、各文化期における人類の魂で真理を感じる力です。

(4) ラファエロ・サンティ(1483~1520)は、イタリアの画家。盛期ルネサンスの三大巨匠のひとりです。初めペルジーノに学び、その抒情的作風にひかれましたが、1504年フィレンツェに出てミケランジェロやレオナルド・ダ・ビンチなどの影響を受けながら、写実的な明暗法、肉付け法を基礎としつつ、理想美を追求して、古典主義芸術を完成しました。「アテナイの学堂」「システィナの聖母」などの傑作を残しています。

(5) ヘルマン・グリム(1828~1901)は、グリム童話を編集したグリム兄弟の一人ヴィルヘルム・グリムの息子です。ベルリン大学教授で、ドイツの美術史家、文学史家でした。小説や戯曲もありますが『ゲーテ論』が有名です。

（6）ミケランジェロ・ブオナローティ（1475~1564）は、盛期ルネサンスの三大巨匠のひとりで、イタリアの彫刻家、画家、建築家、詩人です。1488年にギルランダイオの工房で絵画を学び、翌年彫刻家ベルトルドに師事しました。1490~92年ロレンツォ・デ・メディチの庇護を受け、メディチ家に出入りする多くの芸術家や学者や人文主義者と交わり、新プラトン主義の洗礼を受けました。彫刻では「ピエタ」「ダビデ」を制作しました。システィナ礼拝堂の天井画も有名です。

（7）「最後の審判」は、バチカンのシスティナ礼拝堂で、1534~41年にミケランジェロが制作したフレスコ画です。「最後の審判」とは、キリスト教における重要概念で世界の終末時に神が人類に下す裁きです。キリストの再臨とともに行われるといわれています。

## 11　人類の発展段階における宗教意識の発展

次のことだけでも考えてみてください。今の時代の意識を持っていて、ミケランジェロの絵のように現実に天使が降りてきたり悪魔が商売したりすると思わない人間は、ミケランジェロが描いた絵を現実と見て眺めた当時の人々とは異なった心でこの絵の前に立つことでしょう。しかしまさにそれゆえに、もし今日の人間がミケランジェロの「最後の審判」の前で感じるものが、なにか灰色のもの、抽象的なものであると知っていれば、その人は内面的に、この壁に描かれた「最後の審判」の絵の生きいきとした活動を感じるように呼び掛けられることでしょう。その人は次のように自問するように呼び掛けられることでしょう。ある時代の人間が、どうしてイマジネーションや絵の中にそのような力を見て取るようになったのかと。その時代は、後アトランティス第四期が終わろうとしていた時代でした。ミケランジェロは、この第四期の精神から壁画を描いたのです。第四期と第五期の中間にミケランジェロは立っていました。これについて私は一度芸術講義の中で取り上げたことがあります。この問いは現実に大変大きな問いとして皆さんに向かってきます。まさしく、もしも今日の人間が、ミケランジェロのそのような絵の前で、どれほど灰色に、どれほど非生命的に感じるかを自覚したならば、そうなるのです。その場合皆さんは、その原因について問わざるをえません。人間の魂が当時、地球の終末をそのように見ることができたのは、どこに原因があったのかと。この絵の構成はどこからやってきたのかと。

その原因は次の点にあります。キリスト教の最初の時代、ゴルゴダの神秘が地球の発展に介入し、地球の発展に意味を与えたとき以降、まずは古くから存在していたものが退場しなければなりませんでした。それらは後に再び人間により征服されなければならないことになったのです。地上生活の繰り返しという見方も、この古い見方に属していました。もし私たちがこの人生を図示するとしますと《下の図を見よ》人間の人生全体は次のように進んでいきます。地上の人生、精神世界での人生、地上の人生、精神世界の人生……といった具合です。人間全体の人生がそのように進んでいくということは、古代における霊視的な本能の内容でした。キリスト教は最初、人がこの古代の叡智において霊視されていたものとは異なった形で、刺激を与える必要がありました。キリスト教は最初どんな工夫をしたのでしょうか。キリスト教は人間の人生をこの時点までだけ《下の図を見よ、十字のしるし》現在の地上生活だけを人間の意識に上らせました。神の思考として、人間がそこから生まれたところの精神世界が人間の誕生前にあり、本来の人間は、誕生と共にようやく始まるのだと。——最後の死に至るまでのそれ以前の人生もあるにもかかわらず、さらに、誕生以前、受胎以前にも存在しているにもかかわらずです。ただし神の思考として存在しているのみであって、個々の人間として存在しえているのではないのですが[1]——その後、それに引き続いて死後の生活を考えたのです。そのように、

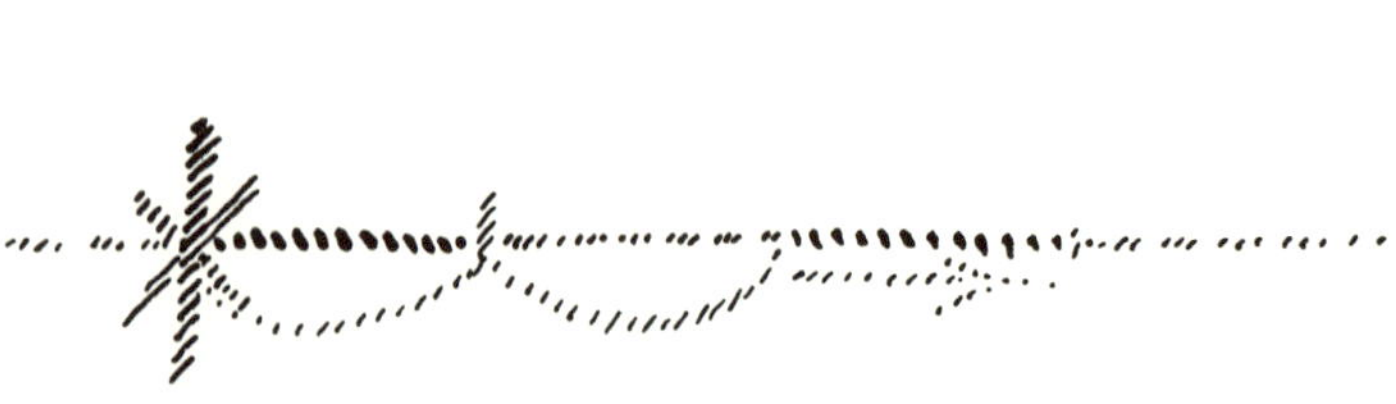

キリスト教の発展の最初の時代は、ある程度、輪廻を考慮することを棚上げにしました。そこには死と新しい誕生の間の生活、そして地上生活、その後再び死と新しい誕生との間の生活、そして地上生活という人生があるにもかかわらず、人間の感受が制限され、人間の始まりとそして死後の生活だけを見るようになったのです。しかしこれは、他方でバランスを与えました。「最後の審判」の絵に対してですが、「最後の審判」の絵は、キリスト教がまず存在以前の教説、すなわち妊娠以前、誕生以前に精神が存在しているという教説を人間の感受から追い出すことにより生まれました。今日では、再び人間の魂の基盤から繰り返される地上生活を認識する必要が高まってきています。それゆえに、一つの地上生活だけに注目し、それ以前と以後の精神世界を無視する絵画は色あせて見えるのです。最初のころのキリスト教の世界観を拡大する必要があるのです。ゴルゴダの神秘は、一度の地上生を仮定している人々にとってのみならず、繰り返す地上生を知っている人々にとっても妥当します。こうした拡大が現在必要なのです。それゆえ私たちにとっては、次のことが明瞭でなければなりません。私たちは今や、通常の概念認識の幻想的なところを精神的な認識へと高める時代、産業主義によって解体された意志を精神に貫かれた意志へと高める時代に生きているといえます。他方でまた、こうした努力は、宗教的な意識を繰り返される地上生活を越えて拡大するためでもあるのです。

【訳者解説】

（1）シュタイナーは輪廻転生の立場から、このように論じているのです。「神の思考」とは次のような意味になります。ヨハネによる福音書の冒頭の「はじめに言葉があった」という表現に示されているように、神の言葉が万物を作り出しました。言葉は思考の表現でもありますから、我々は、神の思考の産物であるということになります。人間一人ひとりに備わっている自我は、地上では肉体（欲望）の影響で低次の自我として現れるのですが、肉体から完全に解放されている高次の自我は、霊的海の水の一滴であり、霊界と一体なのです。

## 12　現代教育の課題

現在の人間の意識の拡大が最も重要であるということが、現在の人間の魂の深いところに書き込まれる必要があります。といいますのは、基本的に人間が本当に現在に生き、正しい意味で未来へと準備することができるかどうかは、意識の拡大にかかっているからです。基本的にだれもが、それぞれの生活する場所で、拡大した意識を応用することができます。そして最終的に、既に外的な認識が、人間をして現在魂の生活の意識下の深みで激しく活動してはいますが、完全な意識には上ってこないところのものを要求させるのです。ご承知のように現在の生活の中で一番目立つのは、非常に多くの引き裂かれた人間の魂が歩き回っているということです。人間の魂は生活の中で何をすべきであるか十分知らず、繰り返し「私は何を成すべきなのか？　私は、生活の中で何をしようとしているのか？」と自問しなければならなくなっています。そしてあれこれ取り上げるのですが満足することはできないのです。そのような人間がますます増えています。どうしてそうなったのでしょうか。それは教育制度の中に或る欠陥があるということから生じています。私たちは今日、子どもたちを人間生活に対して強くする力を目覚めさせないように教育しているのです。人間は、7歳までは模倣者であることにより人間を強めるもの、14歳までは価値ある権威に従うことにより人間を強くするもの、21歳までは正しく愛を発達させ獲得することにより人間を強くするもの、これらをそれぞれの時期に発達させなければなりません。これらのものは、後になってからでは発達させることはできないのです。特定の若き日々に発達させねばならない力が目覚めさせられないことにより、人間に欠けてしまうものがあるのです。それを知るべきです。

それゆえに私は昨日申しました。人が本当に未来を社会的[1]に構成したいと思うのならば、人間の教育を通して準備したいと考える必要があるのですと。これについては本当に、少額ではなく多額の出費を覚悟する必要があります。徐々に私たちの教育制度は、あたかも私が昨日特徴づけましたように、私たちが精神の機械化、魂の植物化、身体の動物化へと歩んでいくかのようになってしまっているのです。

そのような方向へと歩んで行くことは許されません。私たちは人間の子どもたちの魂の中で発達させることのできる力を強く発達させて、将来その子どもが、その力を子どもの時の発達の果実から取り出すことができるようにしなければならないのです。今日人間は、子ども時代を回顧し子ども時代を感じることはできるとしても、子ども時代から何かを取り出すことはできません。なぜなら何も発達させられなかったからです。しかしこの点で私たちが正しいことを行いたいと思うのであれば、私たちの教育の基本原則は根本的に変わる必要があります。私たちは現在特に称賛されていること、とりわけ癒せるものとして称賛されている多くのことに注意深く耳を傾けなければなりません。

私たちは弓の弦が張り詰めすぎないように、努力を通してではなく、教育の経済[2]により子どもの集中を達成しなければならないのです。私たちは子どもの集中を、次のように今日の人間にとって必要な方法でのみ達成することができるでしょう。もし私たちが今日なお非常に好まれている内容を廃止したならば、もし私たちが学校の呪われた時間割を廃止するならば、この殺人的な手段を、人間の力の本当の発展のために廃止するとしたならば、子どもの集中を達成することができるでしょう。7時から8時まで計算、8時から9時まで言葉、9時から10時まで地理、10時から11時まで歴史！　という時間割が何を意味しているのかを一度ゆっくりと考えてみてください。7時から8時まで魂を揺り動かしたものをすべて、8時から9時の間に消し去ってしまうなどということについて、今日根本的に考え直すことが必要です。私たちにはもはや教科がそこにあるから教科を教えるのだというふうに考えることは許されません。そうではなく、7歳から14歳の人間においては、正しい方法で思考と感情と意志が発達しなければならず、地理や計算など、すべて思考と感情と意志が正しく発達するように教えられなければならない、ということを明らかにすべきなのです。

今日の教育学は、次のことについて多くが語られています。個性を発達させなければならない。そして、どんな能力を発達させるかを本性から読み取るべきであると。すべて空文句です。なぜならこれらは、物事を精神科学から語った場合にのみ[3]、意味があるからです。そうでなければ単なる空文句なのです。それゆえ将来においては、次のように主張することが必要です。たとえば特定の年齢で、計算を教えることがとりわけ必要で、そのためには2～3か月の間、続けて午前中に計算を教えなければならないということ、すべての科目を混乱状態で含んでいる時間割でなく、計算を一定期間行ない、それから次に進むことなどです。人間の本性が特定の時点で要求するものに合わせることがまさしく必要なのです。

【訳者解説】

（1）「社会的に」というのは、ここでは、「友愛的に」というニュアンスで用いられています。

（2）「教育の経済」というのは、教育経済学的な経済効率という意味ではなく、人智学的な教育の工夫により無駄を省くという意味です。

（3）「精神科学から語った場合にのみ」というのは、精神科学だけが霊魂体の関係を洞察しているので、現実の人間や社会から出発できるということです。

## 13　精神生活での変化の必要性

未来に向けて活動する教育学がどんな課題を持っているか、皆さんはおわかりになるでしょう。これらの課題の中に、今日まだわずかな理解しか存在していないのですが、社会の生成について真面目に熟考する人間に課せられる実際的な問題が存在しています。さてシュトゥットガルトでは、私たちの今までの社会的活動に繋がって、かつ、今日の学校システムの内部で可能な一つの学校が創設されます。モルト氏(1)は彼の工場、ワルドルフ・アストリア工場の子どもたちのために、そのような学校を創設する決心をしました。工場外の子どもたちも入学できますが、まずは、限られた数でしょう。もちろん今日ではなお、いわゆる国家が定める教授目標を考慮しなければならず、人は、この年までに子どもたちを一定のところにまで教育せねばなりませんから、妥協もしなければならないでしょう。しかし人は、子どもの側から要求されること、現実の人間の本性が要求することの中に入り込まなければなりません。これはとりわけ一度認識される必要があります。今日一体だれが、時間割が真の教育の死であると考えているでしょうか。もちろん時間割が、真の教育の死であると考える人々もいます。この人たちは、世界は逆立ちしているため、世界を再び足で立たせなければならないと主張したいのです。といいますのは、今日逆に、授業時間をさらに短く30分にして教育内容を教え、次々と内容を変えたい、と思っている人々がいるからです。それを理想としている人もいるのです。考えてもみてください。恐るべき万華鏡のように次々と宗教、計算、地理、スケッチ、音楽と授業が続いていくのです。その中では、つまり頭の中があたかも石が万華鏡に投げ入れられたかのように展開していきます。外的世界に対してのみ何かを目で探すのです。なぜなら、それぞれの授業内容には何の関連もないからです。今日では大きく物事を考える必要があり、小さく物事を考える必要はないのであり、大きな観点、包括的な観点を持つことが必要であるということを人々は信じようとはしません。私たちは今日、繰り返し、人々がいやいやながら最終的には革命を起こさなければならない、と語っていることを耳にします。俗物の大部分でさえ革命の必要性を信じています。しかし人が、俗物たちに、たとえば拙著『社会問題の核心』の中の三分節化について読むよう提起すると、彼らは、「理解できない。複雑だ」というのです。かつてリヒテンブルク[2]が言いましたように、確かに「本と頭がぶつかって、うつろな音が響いたら、それはいつも本のせいですか？」と言えるはずでしょう。しかし、これを今日の人々は信じるでしょうか。なぜなら、常に自己認識が多くの魂の中に生み出されるものとは限らないからです。しかし私たちはまた、確かに広域にわたって俗物たちがすでに革命を信じていることを体験しています。しかし彼らは、「まあね、そんな大きなこと、そのような考えはわからない。私たちは、靴作りはどのように社会主義化されるべきなのか、薬局はどのように社会主義化されるべきなのか、あれこれがどのように社会主義化されるべきなのかについて語ってほしいのだ。革命が起きた国家で私は私の調味料をどのように売ることになるのかを語ってほしいのだ」と言うのです。

次第に人々が革命に関して何を考えているのかということに私たちは気づきます。彼らは、「革命されなければならない——その点については全く賛成だ——しかし、すべてがもとのままで、何も本来的に変わらないという形で革命がなされなければならない」と考えているのです。「どうしたら私たちは、世界を、革命することができるのか？」と語る人々がいます。「しかし何も変わらないように」というのです。この関連で最も目立つのは、まさにいわゆる知識人たちです。そこで人は、特別目立った経験をすることができます。何度も繰り返ししなければならなかった経験は、次のような言葉がいやおうなしに耳に入ってきたというものでした。「はい、三分節ですね。大学は自律すべきであり、精神生活は自分で自分を統括するべきだというのですね。じゃあ私たちはどうやって生活したらよいのでしょうか？　国家が私たちの給与を支払わないとしたら、誰が給料を支払ってくれるのですか？」と言うのです。(3)

しかし、これらを今日しっかりと見つめ、無視しないことが必要です。まさに精神生活の領域で変化を起こさなければならないのです。

【訳者解説】

（1）エミール・モルト（1876~1936）は、1906年にワルドルフ・アストリア・タバコ会社を設立しました。この年にモルト夫妻は、シュタイナーの率いる神智学協会ドイツ支部の会員になりました。その後会社は発展し、多くの労働者を雇うようになり、子弟の学校を立ててほしいとシュタイナーに依頼したことを契機として、シュタイナー学校（ワルドルフ学校）が1919年に創設されました。

（2）ゲオルグ・クリストフ・リヒテンベルク（1742~1799）は、ドイツの最初の実験物理学の教授でした。ゲーテやカントとも親交がありました。イギリスの栄誉あるロイアル・ソサイアティのメンバーにもなりました。警句が上手いことで有名でした。

（3）下部構造を変えれば、上部構造も変わるという主張、つまり経済体制が変われば人間の意識も変わるというのがマルクス主義の主張なのですが、意識が古いままでは革命にならないことが明らかになってきているため、まず人間の精神が新しくなる必要があり、そのためには教育が大切だということなのです。

## 世界のシュタイナー学校

2016年6月現在、世界のシュタイナー学校数は1080校。国別にみるとドイツ234校／アメリカ合衆国126校／オランダ90校／オーストラリア43校／スウェーデン43校／ハンガリー34校／ノルウェー31校／イギリス31校／ブラジル30校。アジアではイスラエル14校／韓国10校／中国7校／インド7校／日本7校（学校法人藤野シュタイナー学園・NPO法人東京賢治シュタイナー学校・学校法人北海道シュタイナー学園いずみの学校・NPO法人京田辺シュタイナー学校・NPO法人横浜シュタイナー学園・NPO法人愛知シュタイナー学園・福岡シュタイナー学園：設立順）で、世界中に広まっています。また、シュタイナー幼児教育施設数は、1848園です。

## カントとシュタイナー

1894年、シュタイナーが33歳の時に『自由の哲学』が出版されました。カント哲学の結論である「物自体は認識できない」という主張が誤りであることを理論的に証明しようとしたのでした。哲学界の巨人であるカントを若輩者のシュタイナーが批判したのです。その批判のポイントは、物質界の因果関係に基づく自然科学を哲学的に基礎づけたカント哲学は、生きた人間の自由意志に基づく哲学ではないということです。そこでシュタイナーは、人間がいかに生きるべきかという哲学の原初の問いに応えるべく21世紀の社会を導くことのできる有効な哲学書を執筆したのです。

＊参考：『“シュタイナー”「自由の哲学」入門』（今井重孝著、イザラ書房）

# 第3講

# Dritter Vortrag

## 1　国民経済学の限界

本日私がお話しする予定の内容は、一種のエピソードです。皆さんに既にお伝えしました通り、私は、三つの概念について話したいと思っています。この三つの概念が完全に理解されれば、外的な社会生活についての理解がもたらされます。私は明確に、外的な社会生活の理解と申しました。なぜならこの三つの概念は、外部での社会的な共同作用及び共働作業から取り出されたものだからです。それはつまり、商品・労働・資本の三つの概念です。さて、様々な色合いを持つ近年の国民経済学者は、これら三つの概念について完璧に明瞭な定義を目指していますが、無駄な努力に終わっています。人類が意識的に国民経済について考え始めて以来、この三つの概念を明確にすることはできませんでした。後アトランティス第五期が始まる前、つまり15世紀の半ば以前においては、人々がお互いの社会的関係を意識的に把握するということは話題に上りませんでした。社会的生活は多かれ少なかれ無意識に本能的に経過していました。しかし15世紀以来、意識魂[1]がこの時代に形成され、人間は、社会的な関係についてますます意識的に熟考しなければならなくなりました。そういうわけで、社会的な人間の共同生活に関して、あらゆる方向性、あらゆる見方が形成されたのでした。これは重商主義学派[2]と共に始まり、次に重農主義の学派[3]が続き、アダム・スミス[4]、プルードン[5]、フーリエ[6]などといった様々なユートピア主義[7]の流れから、近年の社会民主主義[8]といった方向と、国民経済学派[9]の方向に分かれていきました。マルクス[10]、エンゲルス[11]に基づいた社会民主主義理論と国民経済学派の比較は興味深いことです。国民経済学派は全く非生産的です。この学派は、社会的な意志へと流れ込むことのできるような生きた概念を全く生み出しません。もし人がこの学派に、社会的関係において何が起こるべきかという問いを投げかけたとしても、現代の国民経済学派の混乱した概念からは何も得られないでしょう。といいますのは、この国民経済学派は近年の科学的な見方に完全に侵食されているからです。自然科学の進歩は、全く精神科学によっても否定されるべきものではないのですが、自然科学の偉大な驚嘆すべき進歩にもかかわらず、現代の学校科学は、精神から生み出されるものを否定すべきと考えていることを皆さんはよくご存知だと思います。国民経済学は経済生活において起こることだけを観察しようとしています。しかし経済生活の中で起こっている出来事の観察は、近年においてはほとんど不可能です。なぜなら人間は、近代へと発達するにしたがって経済的事実を担っているものについて考えなくなっているからです。経済的な事実は機械的自動的に今の方向へと進んでいき、人間は考えることもなくそれに従いました。それゆえに世界市場を無思慮に観察した結果、国民経済学は経済法則を導き出すことができませんでした。私たちの国民経済は、理論無き、見方無き、概念無き、理念無き実践のままであったのです。そして私たちの社会民主主義的な努力は、理論のための理論、実践無き理論であったのです。そのように考えれば、この社会主義的理論は決して実践に移すことはできません。なぜならばそれは実践への洞察を欠いた理論だからです。私たちはまさに現代において、一方で理念なき実践としての経済生活、他方で理論を現実の経済生活に導入する可能性のない、単なる理論としての社会民主主義があるということに悩んでいるのです。この関連において、私たちはまさしく歴史的な人間の発展の転換点にいます。なぜなら社会生活は人と人との関係に基礎づけられるものですから、社会的に正しい生活を基礎づけたいと思うならば、人間の追及するものの基礎に、ある種の気分がなくてはならないということを皆さんは容易に理解されるでしょう。そしてご承知のように、社会有機体の三分節化に際しては、共通の社会領域における一つの気分が呼び起されることが必要です。人間の間にこの気分がなければ社会生活は現実には花開きません。社会の三分節化によって、この気分について、まさに考察がなされるべきなのです。本日は最初に述べましたように、エピソード的にこの気分に関していくつかのことについてお示ししたいと思います。

【訳者解説】

（1）意識魂というのは、一人ひとりの人間が、誰かのいいなりになるのではなくて、自分の思考・感情・意志に基づいて判断するようになる意識の発展段階のことです。15世紀以降人類は上からの命令や権威や常識に従うのではなく、一人ひとりが自分で判断する時代に入ったというのがシュタイナーの見立てなのです。

（2）重商主義とは、貿易により国富を増加させようとする考え方のことです。この考え方は、アダム・スミスの『諸国民の富』により批判され、富の源泉は貿易ではなく、労働によって生み出されると主張されました。この考え方がマルクスの労働価値説に流れ込んでいるわけですが、シュタイナーはこの考え方の限界を、本書の六つの講演の中で主張しているのです。

（3）重農主義とは、18世紀にフランスの重商主義政策が行き詰まったところから生まれた、富の源泉は貿易ではなく農業であるとする考え方をいいます。この考え方がアダム・スミスに影響を与え、労働価値説に受け継がれていきます。

（4）アダム・スミス（1723~1790）は、古典派経済学、近代経済学の祖です。スミスは、『諸国民の富』と『道徳感情論』の二冊しか生前出版しておらず、没後講義録より『法学講義』が出されていることは、シュタイナーの経済・精神・法の三分節化と対応している点興味深いものがあります。

（5）ピエール・ジョゼフ・プルードン（1809~1865）は、無政府主義者として著名です。彼は、仕事をしながら独学で苦学して思想を形成した人物です。彼の書物はマルクスから、「哲学の貧困」として批判されました。しかし、20世紀の著名な経済学者のケインズが主著の中で、ケインズがマルクスよりも高く評価しているシルビオ・ゲゼルがプルードンを高く評価していることから、新しい銀行の在り方について参考となる思想家であると述べています。

（6）シャルル・フーリエ（1772~1837）は、一般に空想的社会主義者とされていますが、アソシエーションの思想を展開している点で、現代においても注目すべきであるという見方もあります。

(7) 実現不可能な理想を求める思想をユートピア主義といいます。
(8) 社会民主主義については、第一講5【訳者解説】(1)を参照してください。
(9) 国民経済学派については、第一講15【訳者解説】(3)を参照してください。
(10) マルクスについては、第一講9【訳者解説】(1)を参照してください。
(11) エンゲルスについては、第一講9【訳者解説】(2)を参照してください。

## 2　想像的概念の重要性

もし皆さんが社会生活を一つの有機体として考えるならば、皆さんは精神的なもの魂的なものの中へあるものが流れ込み、この有機体を貫流すると思い描く必要があります。例えば血液が吸いこんで変化する空気の担い手として人間や動物の有機体を流れているように、社会有機体全体を何かが担い、行き渡り、貫流する必要があるのです。

ここで私たち現在の人間には感情においてほとんど準備ができていないため、理解が非常に困難ではありますが、しかし、社会の新しい構築、社会の新建設について真面目に語ろうとするならば、私たちが理解しなければならないところにたどり着きます。未来の社会生活において人々がお互いに会話するということは、お互いに理念、感受[1]、感情を交換することに依存する、それが理解されなければならないのです。人間が社会的存在になりたいと意志するのであれば、人々の間でどんな見方が生きているのかということがとても大切になります。未来に向けて、一般教育を支配している自然科学や産業から取り出された概念だけでなく、何か想像的なものにとって基礎となる概念が取り入れられることが必要なのです。それが今日の人間にとっていかにありそうもないことであるとしても、人間に同時に想像からなる概念、すなわち原因と作用、力と素材、物質等々自然科学的生活から生まれた単なる抽象的な概念とは全く異なる想像的な概念がもたらされなければ、人間は社会化されることはないでしょう。自然科学から生まれ、今日ではあらゆるものを支配し、芸術さえも支配しているこうした抽象概念では、将来の社会生活は何も始まりません。私たちは未来の社会生活を再び想像力によって理解できる状態になる必要があるのです。

これが何を意味しているかは、すでに何度も暗示してきました。教育問題に関連しても触れてきました。教育問題に関しては、子どもたちと親密な関係にあるならば、魂の不死の理念について彼らに十分教えることができると申し上げてきました。単に子どもたちにサナギを見せ、サナギから蝶が飛び出す様子を示せば子どもたちは理解するのです。「ごらん。肉体はサナギのようなものなのだ。肉体の中には蝶のようなものが生きていて、目には見えないだけなのだ」と。「君が死んだら、蝶が肉体から霊的世界へと飛び出すのだ」と。こうした例えによってイメージに作用するのです。しかし、こうした比喩について科学的に考えると、科学的な世界観に従って授業することになるでしょう。今日の人間は、非常に異常なほど賢いので、もしそのような比較をしたとしたら、子ども向けにそう言っているだけで自分は信じられないのです。彼らは、自分たちが抽象的な概念を用いた賢さ以外の、イメージ的な知というものに思い至らないのです。今日の人間の賢さに関する見方は、一面的なのです。

数週間前に一度私が行った講演に続いて、当該の町の国家学[2]連盟で集会が持たれました。そこで私の講演に関連して、一人の大学教授が話をしました。大学教授はもちろん現在の賢い人物です。この人物が、私がこの時の講演で話した内容のみならず、私のすべての本に書かれていることは、子どもじみた内容、すなわち人類の子ども段階に位置するものであるという発見をしたというのです。私は、現在の賢い人がそのような判断をするということをよく理解しています。とりわけそれが大学教授である場合には、なおさらです。そこで考えられている学問から、現実的でイメージ豊かな生活はすべて除外されており、それゆえ、理解されたこと、より正しく表現すれば、実際は理解されていないことはすべて、稚拙であるとみなされるのです。まさしくこれこそが独特なのですが、今日の賢い人がやってきて言うのです。「我々が例えば、不死の魂をサナギから生まれる蝶に例えるイメージを用いるとするならば、我々のように賢い大人は、もちろん、このイメージは自分たちが生み出したものであるとわかっている。そうしたイメージが示している概念を理解している。しかし子どもは幼いので、子どものために、我々が概念で知っている不死という内容をこうしたイメージに例えるのである。しかし我々自身は、そのことを信じてはいない」と。理解されていないのは、大人自身が信じていないなら子どももまたそのことを信じないということです。大人自身がそれを信じている場合にのみ、子どもは本当にそのイメージを理解する、ということに気づいていません。私たちは、自然の中に自然科学がいうような幻影的なものを見るのではなく、再びイメージ的なもの造形的なものを見るような、真に精神科学的な気分(3)へと戻るべきなのです。サナギから這い出した蝶の中に存在するものは、神的な世界秩序から自然秩序の中に組み込まれた魂の不死のイメージです。不死の魂が存在しなければ、サナギから這い出す蝶も存在しません。イメージが真理に基づいていなければイメージは存在することができませんが、そのイメージは存在しています。すべて自然は真実のイメージなのです。自然科学が与えるものは幻影です。自然が何か別のものの像(4)であるということに気づいたときにのみ、人間は自然に近づけるのです。

【訳者解説】

(1)シュタイナーは、感覚器官が外部から受け取った印象とその印象が心の内部で加工されたイメージとを区別し、外部から得た最初の印象を感受と呼んでいます。

(2)国家学というのは、国民経済学の上位概念で、経済、法、社会を扱う学問を指しています。ドイツではこのころ国家学という表現が好まれ、経済学は、法および国家学部に所属していました。

（3）「精神科学的な気分」というのは、科学でわかることは事実の一つの側面にすぎないということを認識したうえで目に見えないものの表れとして現実を見ようとし、その観察が正しいかどうかを現実の生活の中で検証しようとする、そうした気分のことを指しています。

（4）自然科学のように、色彩を光の波長として把握して満足するのではなく、色彩が目に見えないどのような精神的要素を現しているのかを理解しようとすることが大切であること、言い換えますと、自然は目に見えない精神的要素の象徴として理解する必要があるということです。サナギと蝶の例でいえば、それが輪廻転生という霊的事実の象徴であると理解することが大切だということです。

## 3　自然全体がイメージ的

人間の頭は、ご覧のように丸いのですが、その丸さはキャベツに似せるためではなく、天体の模造として作られているから丸いのです。自然全体がイメージ的なのです。そしてそれゆえ人間は、例えば、人間の頭を天空のイメージとして見ることに慣れ、このイメージの中に沈潜する必要があります。そうすればイメージを把握したときに人間に流れ込んでくるものが、なかなか難しいことではあるのですが、心臓に、魂に、気分に、頭にさえ広がっていくのです。私たちは社会有機体の中で、イメージにより語られている物事について、お互いに語り合う必要があります。これらのイメージが私たちに信じることを教えてくれます。そして社会有機体の中で現実的に商品を位置付けることに関して語ることのできる人間が、学問（Wissenschaft）から生まれてくるのです。といいますのは、生産される商品は人間の必要性を満たしてくれるからです。抽象的な概念では、この人間の必要性を社会的に評価できません。人間の感情（Gemüt）だけが、イメージ的な表象からやってくる気分によって満たされたものについて、何らかのことを知ることができるのです。他の方法では社会化は起きません。皆さんは社会有機体において、人々に何が必要かを決定できる人間を仲間に招き入れることができるのです。もし皆さんが、社会有機体の中へ、イメージ的な表象をもたらすことができなければ、社会有機体を社会的に構築することは不可能でしょう。つまり私たちは、イメージによって話し合うことができなければならないのです。今日社会主義的に考えている人々にとって、これがどんなに異様に響くとしても、社会化のためには、社会有機体において、人間が人間と想像力を刺激するようなイメージによって語り合うことが必要です。そうならなければならないのです。

## 4　労働概念とインスピレーションの関係

これこそが問題なのです。そして商品が何かということは、イメージを理解できる学問に触れ、感じることにより理解されるでしょう。それ以外の学問では理解できないのです。

そうあるべき未来の社会においては、労働もまた正しくコントロールされることになるでしょう。今日人々の間で労働について語られていることは、全くばかげています。労働それ自身は、基本的に商品の生産とは全く関係がないからです。カール・マルクスは商品を、労働力が結晶化したものと呼びました。これはばかげた話にすぎません。なぜなら人間が労働するときに問題になるのは、彼がある形で自分自身を消費するということだからです。さて皆さんは、この自己消費を二つの方法で行うことができます。もし皆さんが銀行あるいは財布に十分なお金を持っているとすれば、スポーツをして身体を使い、労働力をスポーツに使用することができます。しかしまた皆さんは、木を切ったりあるいはまた別のことをしたりすることもできます。皆さんが木を切ろうとスポーツをしようと、労働は全く同じでしょう。つまり、どれだけの労働力を用いたのかが問題なのではなく、社会生活においては、何のためにこの労働力が用いられるのかが問題なのです。社会生活が財や商品を生産するものであるとすれば、労働力そのものは社会生活とは何の関係もありません。それゆえ三分節化された社会有機体においては、財を生産するのとは全く別の労働への動機づけが必要です。財はある意味において、労働によって生み出されなければなりません。労働は、まさに何かに用いられるためのものだからです。しかし、人間が労働する際に基礎となるべきものには、労働への意欲、労働への愛が存在するということが大切です。私たちが、人間が労働したいと思う方法、労働することが当たり前になる方法を見出さなければ、社会有機体の社会的構築は実現しないでしょう。

インスピレーション(1)によって豊かにされた概念(inspierte Begriffe)について語る社会でなければ、それは可能にならないでしょう。もしも秘儀参入者のインスピレーションによりこの世界にやってきた理念や感受が社会に浸透していなければ、未来においても、物事が本能的に先祖返り的であった過去においてと同様に、労働への意欲、労働への愛が、人間に染み渡ることはないでしょう。これらの概念は、私たちの目の前に社会有機体があり私たちは社会有機体に己を捧げなければならないということを知るように、人間を支える必要があるのです。言い換えると、人間に社会有機体への理解があるから、労働自身が人間の魂の中に流れ込む、ということを知るように人間を支える必要があるのです。こうした理解は、インスピレーションによって支えられた概念、すなわち精神科学について話し合っている人間でなければ得られないものです。私たちは、人間の間に再び労働がよみがえるために、今日、美辞麗句で語られているような中身のない概念ではなく、私たちがそれで心臓や魂を貫くような精神科学を必要としています。そうなればこの精神科学が、人間の心や魂に次のように入り込むことになるでしょう。人間が労働に対する意欲と愛をもつようになり、イメージについて耳にするのみならず、インスピレーションやその種の概念についても耳にするような社会では、商品から労働が自立することになるでしょう。[2] 複雑化した現在の社会で生産手段がそこにあり、大地が人間の間でそれにふさわしく作用するために、インスピレーションやその種の生きた概念が必要なのです。

【訳者解説】

(1)インスピレーションについては、第一講15【訳者解説】(7)を参照してください。

(2)現在は、労働と商品は密接に結びつけられていますが、労働は愛ややりがいと結びつくものであるため、必ずしも商品やお金と結びつくわけではないということが浸透していけば、一人の人が一生使い切れないような膨大な収入を得るということ自体の奇妙さにも気づかれることになるでしょう。収入と労働が切り離され、収入はその人が生活で必要とする金額が基準となるべきという考え方も浸透していくことになるでしょう。

## 5　商品と労働と資本の相互の関係について

そのためにはこの社会で直観的な（イントゥーイション的な）概念[1]が広まることが必要です。皆さんは拙著『社会問題の核心』において、資本についての直観的な概念を見出すはずです。こうした概念は、イントゥーイション的な概念を感受できる社会でのみ花開きます。言い換えますと、もし人間が再び人間の中に直観が存在すべきであるということを認めるならば資本が社会有機体の中に組み込まれることになり、イマジネーションが存在すべきであると認めるならば商品が正しい位置を占めることになり、インスピレーションが存在すべきということを認めるならば労働が正しい位置を占めることになるのです[2]。

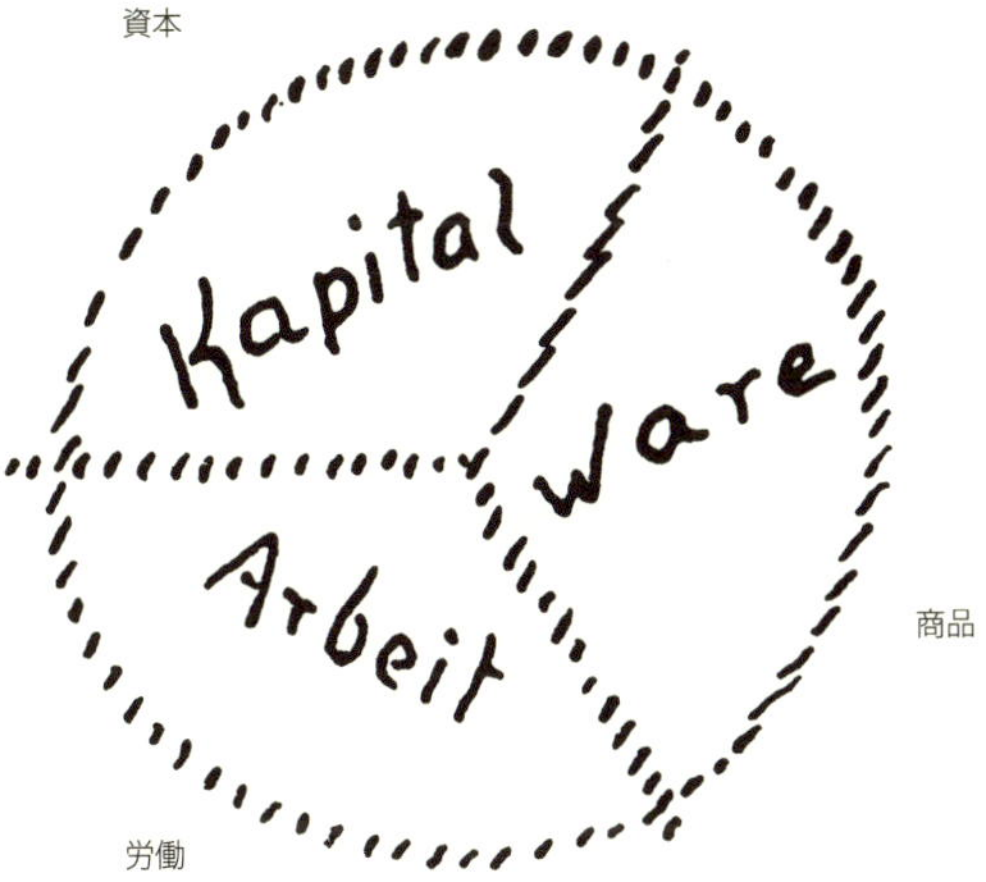

もし皆さんが、このシェーマを受容されたなら、もし三つの概念を下向きに並べて書くのではなく、このシェーマで示したように描くなら、皆さんはこのシェーマについて、非常に多くを学べると思います。もし皆さんに、拙著の中で三分節化について書かれているすべての概念が浸透していくなら、非常に多くのことを学べるでしょう。と申しますのは、資本が商品を購入することにより、労働と商品、商品と資本との間に、相互的な関係が生まれ、労働と資本等々の間に関係性があることがわかるからです。皆さんは前頁の図に示されているように三つの概念を関連付けるほかないのです。

それこそが、私たちがとりわけ理解しなければならないことです。将来人間性が社会秩序を貫くべきであるということを語るとすれば、それは正しいことです。しかしこの社会秩序は、それがしぶしぶではあったとしても、人間が秘儀参入者の科学にイマジネーション・インスピレーション・イントゥーイション(直観)を通して耳を傾け、人間自身によって実現されることが必要なのです。これは真面目な話です。というのは、精神科学なしでは、未来に向けて社会を再構築することはありえないと言っているだけなのですから。そしてこれは真理です。もし皆さんが、例えば学校を国家に委ねたならば、イントゥーイション・イマジネーション・インスピレーションのような事柄に関して必要なやり方で人間に理解してもらうことは不可能になります。いったい国家は学校をどうしようとしているのでしょうか?

【訳者解説】

（1）シュタイナーがいう直観というのは、対象と一体化した状態での知覚状態をさしています。日本語の意味のひらめき的な言葉とはニュアンスが異なっています。

（2）イマジネーションがあれば、商品が何かわかります。つまり、商品に秘められた精神・愛・思いをイメージすることが大切です。インスピレーションがあれば、労働のモティベーションがわかります。直観があれば、資本の背後にある精神が理解できます。

## 6　社会の三分節化

一方で優れて学校的なもの、他方で国家的なものを見てみましょう。恐るべきことが見つかると言わざるをえませんが、しかしながら、この恐るべきことに現在の人間は気がついていません。例えば国の法律に関することを取り上げてみましょう。国の法律は、今日の人間が正しいとして魂の中に受け入れている生活習慣において効力を持ちます。私は民主主義を対象としているのであって君主制を対象としているのではありません。現在は議会によって国の法律に関する事柄が決議されます。そこでは国の法律が作られます。すべての成人した人間が、彼らの代表を通じて国の法律を作るのです。そこで物事が決定され、法律集の中に組み入れられます。そのあとで法律集を研究している大学教授が現れ、法律集に入っている内容を国の法律として講義します。この教授が国の法律として講義するから国の法律となるのです(1)。すなわち国家が、最高の意味でまさにこの時点で学問にひもをつけるわけなのです。国の法律の教師は国家において、そこに法として存在するもの以外について講義することは許されません。もし国法を巻物に刻み付け、ある種の蓄音機で鳴らすことができれば、基本的に大学教授は必要ありませんでした。さらにその蓄音機を講義する場所に置いて、議会が決定したことだけを蓄音機で知らせるようにすることもできます。するとこれが学問になるのです(2)。

これは極端な領域でのことにすぎません。皆さんもおわかりのように、これはインスピレーションによるものではありません。といいますのは、今日、議会で多数決によって決められたものが、まさしくインスピレーションによって生まれた事実であると主張することはほとんど不可能だからです。最初に、国の法律は学問として、精神生活において、つまり大学において、純粋に人間の精神的な見解から生み出されなければなりません。人々がこの法律を国に与えたならば、その時、国家は正しい法体系を手にすることができるのです。社会の三分節化は、世界を逆立ちさせるものだという人もいます。そうではありません。今の世界が逆立ちしているのです。三分節化は逆立ちした世界を足で立たせようとしているにすぎません。世界が逆立ちしていることこそが問題なのです。事態を逆にする必要があるのです。

皆さんおわかりのように、今日とりわけ問題なのは、インスピレーションに支えられた概念を見出すことです。そうしないと、精神の機械化・魂の眠り（すなわち植物化）・身体の動物化（すなわち本能的構築[3]）に向かって進むことになってしまうからです。

現在社会が病的なので、もし未来において社会の癒しが花開くべきであるとするならば、以上のように根本的に物ごとを考える必要があると確信することが非常に重要です。それゆえ、とりわけ人間が、社会有機体を健全な三つの分岐の上に打ち立てなければならないということを見通すことが必要なのです。商品をイメージ的に認識する[4]ことの意味は、経済生活が社会の三分節化に基づいて構築され、人間が経済生活を友愛において営めることになった場合にのみ、学べるようになるでしょう。インスピレーションが労働に対して持つ意味――インスピレーションは労働に対する意欲と愛を呼び起こすのですが――は、インスピレーションを持つ人々の行動の中に、少なくとも次の内容が浸透している場合にのみ、世界に理解されるでしょう。その内容とは、もし現実に平等が支配したならば、すなわち、だれもが自分の中にあるものを社会で生かすことができるならば、議会の中で同じ人間として皆が平等になるということです。しかし社会で生かす内容は人によって大きく異なることでしょう。ですから、この平等性は法生活において実現されなければなりません。法生活にインスピレーションが必要なのです。慣れ親しんだ民主主義がますます俗物根性に従って決定されていたとしても、俗物根性から決定されてはならないのです。

そして資本は、イントゥーイションが自由へと高まり、自己発展する精神生活から自由が栄える場合にのみ、正しく社会有機体において評価されるでしょう。そうすれば、精神生活から労働に、流れ込むべきものが流れ込むことになります。下の図の矢印に示されたような流れが生じます。そしてこの三つの領域は、下の図のように区分され、正しく関係づけられることによって、正確になることでしょう。

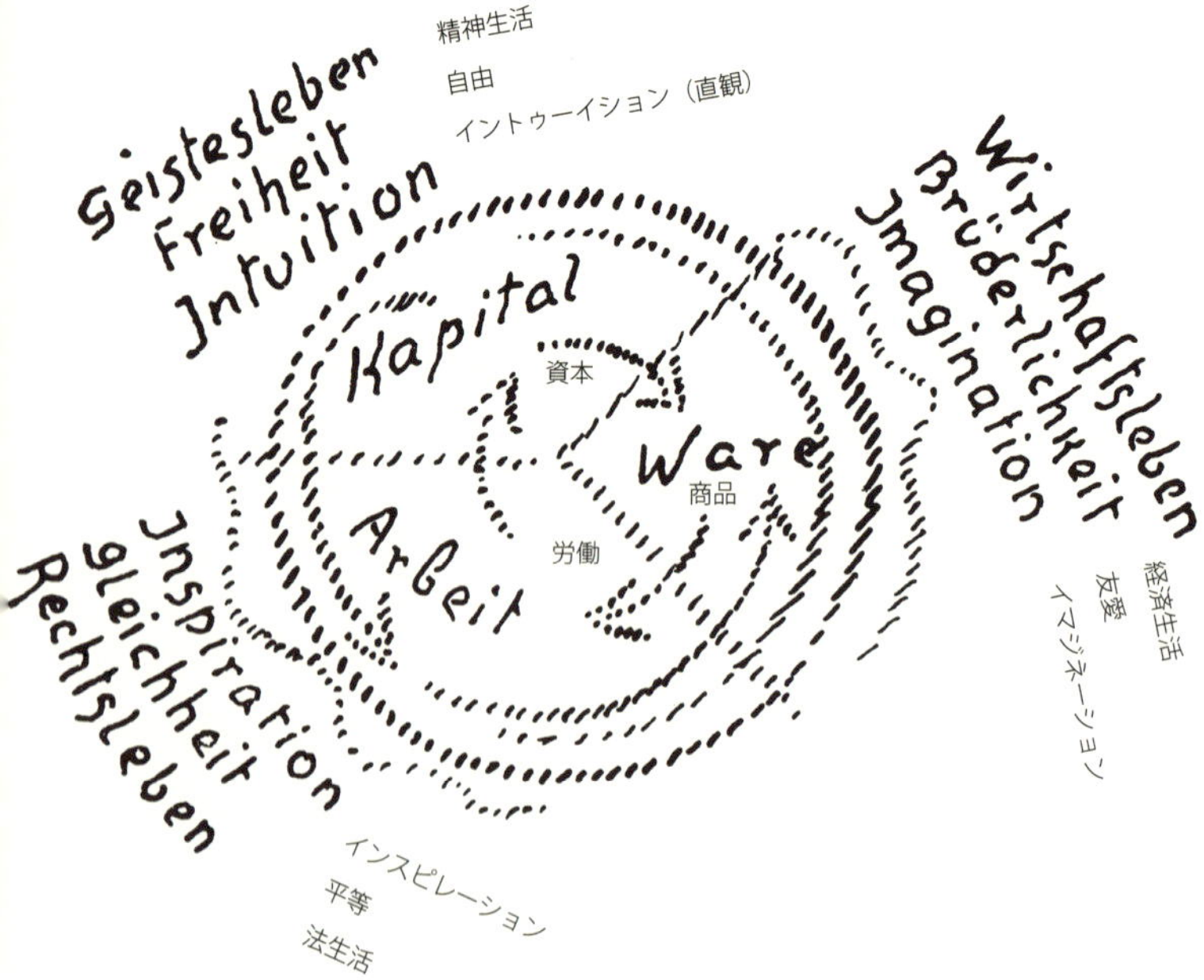

【訳者解説】

（1）大学教授が、これが国の法律ですといって講義するので、国の法律として認められることになるのだという意味です。

（2）学問の自由による学者の提案が出発点であるべきなのに、学者が国の決めたことを正当化する役割をしているという問題が指摘されているということです。

（3）本能的構築とは、体が本能的な衝動により動かされる状況を示しています。

（4）現在は、商品の価値をお金によってしか見出さないが、商品には例えば作った人の思いがありそれをイメージするというニュアンスです。

## 7　精神性を喪失した言葉

ドイツでなされた私への最初の非難の一つは、「彼は、さらになお社会生活を三分節化しようとしている！　社会生活は、一つの統一体でなければならない！」というものでした。しかしこうした人々は、この統一性という催眠術にかけられているのです。なぜなら彼らは常に国家を何か統一的なものとみなしてきたので、この統一国家という概念に慣れ親しんでいるからです。統一性について語る人物が私の前に来て言いました。四本足の馬を購入したいと思う。しかし、馬は一つの統一体である。四本の足に分離することはできない、と。そんなことはもちろん誰も要求しないでしょう。私は、馬――国家あるいは一本足の社会有機体――を打ち立てたいのではありません。そうではなく、健全な三本足の社会有機体を打ち立てたいのです。そして馬の統一性が四本足を持つことにより失われることがないように、社会有機体もまた健全な三本足により統一性を失うことはないのです。社会有機体は、まさに健全な三つの部分に支えられることにより統一性を獲得するのです。今日でさえも人々は慣れ親しんだ概念から解き放たれることができてはいません。しかし今日では、一つひとつの外的な制度を変えなければならないのみならず、私たちの理念、私たちの概念、私たちの感受をも変えなければならないのです(1)。人間の未来に治療的に対処したいと思うならば、肩の上に別の頭が必要なのです。人間がこうした考えに慣れるのは非常に難しいといえます。なぜかといえば、古い頭は、長い間人間が慣れていることだけを考えるのに慣れているからです。ですが今日私たちは、意識的に私たちの魂の中に生きているものを変えなければなりません。そして、この課題をたやすいと考えてはならないのです。今日、概念は既に変化したと思っている人もいますが、その人は古い概念が残っていることに全く気がついていません。とりわけ教育制度についてでは奇妙な経験がなされています。人は、概念としての精神科学が教育学の領域で生み出したものについて、人々に語っています。皆さんは今日、非常に進歩的な教師や視学官や校長などと話し合うことができます。そして彼らは皆さんの言うことを聞いて「はい、私はそのことをずいぶんと前から考えていました。それこそがまさに私の意見なのです」と言います。しかし彼らは実際には、皆さんとは反対の意見を抱いているのです。同じ言葉で反対の意見を述べるのです。このように、今日、人々はすれ違います。言葉は、かつての精神性とのつながりを喪失してしまいました。言葉と精神のつながりこそ、無条件に再び回復されなければならないのです。[2] そうでないと前に進めません。

社会問題は、私たちが通常考えている以上に、はるかに魂的な領域の中にあるのです。

【訳者解説】

（1）科学的認識に生命的な要素を取り込む方法と考えるとわかりやすいです。

（2）言霊の思想がなくなり、言語学者のソシュールに代表されるように言葉と物との関係が恣意的と考えられるようになっている現代において、言葉とスピリチュアリティを結びつけ、言葉を生きた状態にする必要があるのです。

## 紅茶とコーヒーとアルコール

シュタイナーは食べものに関しても興味深い発言をしています。例えばアルコールは、自我の役割を乗っ取ると語っています。アルコールのことをスピリットと呼ぶことがありますが、まさに、アルコールにその人のスピリットが飲み込まれてしまうと暗示しているようで興味深いですね。またコーヒーは、論理的な一貫性を持たせるような働きをするので、頭を使う仕事をする時には、良いといわれます。また外交官の仕事のように多様な話題を駆使する必要がある時は、紅茶が良いということです。確かにコーヒーは知的作業に向いていますし、紅茶はおしゃべりにむいている印象がありますね。

＊参考：『健康と食事』（シュタイナー講演録、西川隆範訳、イザラ書房）

## 医学・薬学

シュタイナーの思想は、医学や薬学の領域でも世の中に少なからぬ影響を与えています。シュタイナー（アントロポゾフィー）医学は、西洋医学を補完する医療であると主張されています。西洋医学を漢方で補うように、シュタイナー医学で補うことができるのです。シュタイナーの指示に基づきヤドリギから作られたイスカドールは、癌の薬として効果があるといわれています。

＊参考：『人智学から見た家庭の医学』（シュタイナー著、西川隆範訳、風濤社）

# 第4講

Vierter Vortrag

## 1　物質主義の波

私たちがここドルナッハで提示した今までの考察から、皆さんは現在取り扱われている多くの問題の中で、教育問題が最も重要であるということを見通されたことでしょう。私たちは、すべての社会問題は、最も重要な要素として教育問題を含んでいるということを強調する必要があります。また、私が8日前に教育制度の変化や再構築に関していくつかのことを示唆した時に皆さんは、教育問題の中で最も重要な問題点は、教師自身の教育であるということを理解されたことと思います。そして、明確な時代区分として15世紀半ば以降始まった時代の性格を受け入れたならば、人間性の発展を通して、この時期に唯物論の波が入り込んできているという印象を受けるに違いありません。ですから私たちは現在、物質主義的な波の中から抜け出して、精神への道を再発見する必要があるのです。精神への道、それはまさに人間の古き文化期において知られていたものですが、当時は人間から多かれ少なかれ本能的、無意識的に流れてきていました。しかし今ではその本能は失われてしまいました。その本能が失われたのは、人間が、その道を自分独自の動機に基づいて、自由の中で見出すことができるようになるためです。その道を、今や意識的に、完全に目覚めた状態で見つけなければならないのです。

人間が、15世紀の半ば以来通り抜けなければならない移行期は、まさしく人間性の物質主義的な試練の時期と呼べるようなものです。この物質主義的な時代の性格を自分に作用させ、それによって洞察したことを用いて、ここ3、4百年前から現在に至るまでの文化の発展をみれば、たいていの領域は物質主義の波によって襲われており、最も強烈に襲われているのが、まさに教員養成の領域であることがわかります。物質主義的な心の持ち方が、教育学的教授学的直観に持続的な印象を与えたような領域は、他にはありません。これは、現在の授業制度の中の個々のことを見て理解するだけでわかります。そうすれば、現実に実り豊かな進歩に抗して横たわっている困難全体を、明瞭に把握することができるでしょう。考えてみてください。とりわけうまく教育問題について語ることができると信じている人々は、授業は低学年の段階から直観的でなければならないと、何度も繰り返し主張します(1)。私はしばしば、計算を計算機を用いて行っているということに注意を向けました。計算を直観的にするために学校に計算機を置いたのです！　人々は、「子どもは、既にすべてを直観することができるのであり、その直観からようやく自分の魂の内部に表象を形成する」ということに大きな価値を置いています。教育制度における直観への動因は、確かに教育学の非常に多くの領域で全く正しいものです。しかしこの衝動は、次の問いを投げかけます。もし人間が、直観教授(2)によってのみ教育を受けたとしたら、その人間はどうなるでしょうか？　そうした場合、人間は魂的に完全に干からび、魂の内なる動因が次第に死滅していくでしょう。そして人間の本性全体が眼に見える環境と結びつけられてしまうことでしょう。そのように魂の内部から芽を出すはずのものは、徐々に魂の中で死滅してゆくのです。現在の授業の直観性ゆえに、多くのものが魂の死滅へと帰着するのです。もちろん人は魂を殺しているとは気がつきません。しかし実際は魂を殺しているのです。そしてその結果は　―他の観点からすでに申しましたように―　私たちが今日の人間において経験していることなのです。今日、どれほど多くの人間が問題を抱えていることでしょう。今日、どれほど多くの人間が様々な人生の状態に成人として対処するために、自分の内側から困難な時期に、なぐさめや希望を提供してくれるものを取り出せないままになっているのでしょうか。私たちは現在、人間の本性を打ち砕かれた多くの人々を目にしています。私たち自身が大変な時期に、自分にふさわしい場所を見出せなくなっていることが問題なのです。

【訳者解説】

（1）ペスタロッチの教育法でもある、実物を見せて教育するという直観教授が当時注目されていました。

（2）直観教授は、ペスタロッチが行った教授法で、現物を生徒の前で示すことによる教育のことです。明治時代には、諸物指教と訳されていました。１９００年以降は、世界的に新教育運動が高まった時期で、児童中心主義が主張されていました。こうした文脈の中で、ペスタロッチの直観教授も高く評価されていたのです。その問題性をシュタイナーは、１９１９年の段階で批判しているわけです。なぜ批判するのか、という疑問を持つ方も多いでしょう。それは、この後の叙述にも示されていますが、例えば、スミレの花を摘んできて生徒に見せたとします。実物を見せるのでいい教育だと考えます。ところが、スミレは本来ならば地面に生えているものです。大地から切り離された植物は、人間から切り離された指のようなもので、自然の状態ではないというわけです。小学生には、大地と植物、植物と太陽が密接な関係にあることを感じ取ることが大切なのです。そのためには、森の中に出かけたり、あるいは物語として青い空を怖がったスミレの話をしたりすることのほうが大事だというのです。

## 2 教員養成の方向性

これらすべては、私たちの教育制度の欠陥と関係していますし、まさに教員養成の欠陥と関係しています。では私たちは未来の繁栄に向けて、教員養成に関してどのような方向に努力をしたらよいのでしょうか。ご承知のように教師は試験で質問された知識に答えるわけですが、この質問に答えられるかどうかは二次的な事柄です。教師は大抵の場合、試験では数時間前に何かのハンドブックで調べることのできる事柄に関して質問されるからです。必要な時にハンドブックで調べることができる内容は、調べればすむことですから。しかし試験では、見ることができないもの――それは教師の一般的な魂の在り方です――これこそが、精神的に常に教師から生徒に流れ込まなければならないものなのです。ある教師が教室に入るのと、別の教師が教室に入るのとでは、大きな違いがあります。もし、ある教師が教室のドアから教室に入った場合、生徒は自分たちの魂の在り方との親近性を感じ、他の教師がクラスに入ると、生徒はそのような親近性は全く感じないということがしばしば起こります。そういった教師に対し、生徒は自分との間に断絶を感じ、それにより生徒は、教師を笑ったりあざけったりするなどの様々な反応を示すのです。教師と生徒の間にある多様な関係性が、しばしば実際の授業や教育を破壊することもあります。

それゆえ、教員養成は将来どう変わりうるかという問題は切迫しています。教員養成は教師が人間の本性に関する認識について、精神科学からやってくるものを受け入れることによる以外には変われないでしょう。教師は、人間と超感覚的世界[1]との関連によって貫かれなければなりません。教師は成長する子どもの中に、この子どもが受胎あるいは誕生によって〝超感覚的世界から降りてきたこと〟また降りてきたものが〝体をまとって何かを身につけること〟の証を見る状態にならなければなりません。その子が何かを身につけるために、教師は、この物質世界において、その子を助けなければならないのです。なぜかといえば、子どもは、死と誕生の間の生活においてはそれを身につけることができないからです。

すべての子どもが、教師の心情の前に、感覚的世界に対する超感覚的世界の問いとして立ち現れなければなりません。こうした問いは具体的にではなく、包括的に投げかけることも可能でしょう。

人間の本性に関して、精神科学からやってくる認識を適用することができなければ、こうした問いをすべての個々の子どもたちに対して投げかけることはできません。人間は、ここ3、4百年の間に、人間を単に生理学的に、単に外的身体的構成に基づいて見ることにますます慣れ親しんできました。こうした人間の見方は、教育者にとって授業者にとって最も有害なものです。それゆえ、人智学の中で生まれた人間学が未来の教育学の基礎となることが必要なのです。そしてそれは、私たちがここでしばしば触れた観点、いくつかの関係において三分節の存在として人間を特徴づける観点から見ることによる以外に生じえないでしょう。この三分節化を本当に内的に把握するように決心しなければならないのです。私は皆さんに、繰り返し、様々な観点から次のことに注意を向けるよう促しました。目の前に立っている人間は、最初、頭の部分が目立ちます。よく知られた言い方では、人間は、まずは頭（神経・感覚人間）なのです。次に人間の二つ目の部分として、主にリズム的なプロセスが経過している胸の部分、すなわちリズム人間の部分があります。三つ目の部分として、皆さんがよくご存知のように全体の新陳代謝システムと関係している手足（新陳代謝人間）の部分が来ます。手足の中では、新陳代謝が起こります。活動する存在としての人間は、外的に見れば、この三つの分岐全体を示している人間の物理的な形象、造形の中に、過不足なく示されています。(2)

【訳者解説】

（1）超感覚的世界というのは、通常の五感では認識できない世界のことです。しかし訓練をすれば誰でも見ることができるということなので、訓練すれば事実として確認できることでもあります。まだ見ることができなくても、超感覚的世界についての説明の論理的一貫性により納得することも可能なものだと、シュタイナーは言っています。

（2）頭の部分、胸の部分、手足の部分の三つの部分から人間の身体は出来上がっていて、頭は主に思考が中心で、胸は主に感情が中心で、手足は主に意志が中心となっています。体のつくりと魂の働きとは関連があるということです。

## 3　頭（神経・感覚人間）、胸（リズム人間）、手足（新陳代謝人間）

もう一度人間の全体的本性の三つの分岐を書き記してみましょう。頭あるいは神経・感覚人間、胸あるいはリズム人間、そして、もちろん最も広義での手足あるいは新陳代謝人間です。

さて、人間の本性のこの三つの分岐を、それぞれの違いにおいて把握することが重要です。これはまさしく現代の人間にとって快くはありません。なぜなら現在の人間は、図式化を好むからです。

現代人は、言うなれば人間は、頭（神経・感覚人間）、胸（リズム人間）、手足（新陳代謝人間）からなり、首のところに一本の線を引くことを好みます。その上に頭（神経・感覚人間）があるというようにです。次に、胸（リズム人間）を境界づけるために一本の線を引きます。そして、区分された部分を並列しておこうとします。三つの部分はそのように図式的に並列されないということこそ、現代人が受け入れたがらないことなのです。

しかし、現実にはそのような線はありません。人間は、つまり、肩の上は「主に頭」なのです。しかし人間は、肩の上だけが頭なのではありません。例えば、触覚や熱感覚は身体全体に広がっています。頭が体全体に行き渡るためにそうなっているのです。それゆえ、人は、そう言いたいなら、「人間の頭は、主に頭である」と言うことができます。胸はまさに「より少なく頭ですが、しかし頭でもある」のです。手足であるものすべては、「より少なく頭ですが、しかし頭でもある」のです。ですから、本来次のように言わなければなりません。「人間全体が頭である。頭は主に頭であるだけなのだ」と。それゆえ図式的に描くとすれば、次頁の図のように描かねばなりません。

リズム人間は、同じように単に胸の中にあるだけではありません。胸は主に胸の器官にあるのです。心臓と呼吸リズムが最もはっきり表現される器官の中にあるのです。しかし、呼吸は頭の中にも継続して入り込みます。また手足にも入り込むのです。ですから人間は、このあたりにおいて胸ですが、しかしここも　―より少なくではありますが―　《次頁の〝縦〟の陰影線を見よ》また胸であり、ここも　―さらに少なくではありますが―　胸である、と言うことができるのです。それゆ

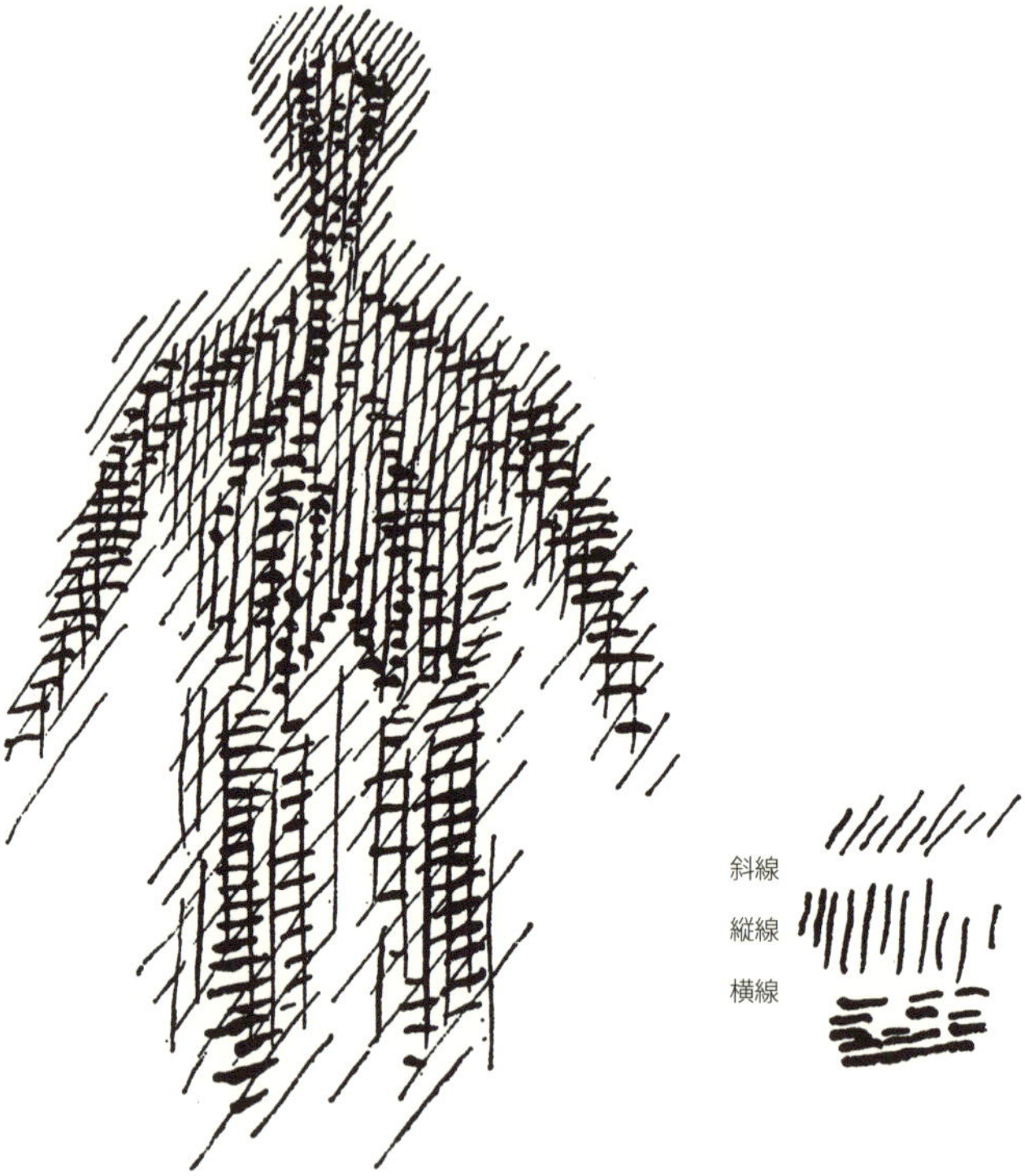
斜線
縦線
横線

え、繰り返しになりますが、人間全体が胸ですが、しかし主には、ここが胸であり、ここが頭なのです。

そしてまた新陳代謝人間は、確かに主にはこれらが《右図の〝横〟の陰影線を見よ》そうですが、手足は他にも入り込み、胸ではより少なく手足であり、頭では最も少なく手足なのです。

それゆえ同様に、頭は頭であるというのも正しいし、人間全体が頭であるともいえます。同様に、胸は胸であるともいうことができるし、人間全体が胸であるともいうことができるのです。以下同様です。現実においては物事は絡み合っているのです。そして私たちの理解は、部分や分岐を並列させることを好みます。これは私たちに私たちの表象としての認識に関していえば、私たちが外部の現実との関連がいかに少ないかを教えてくれます。外的な現実の中では物事は浸透し合っています。そして私たちは、次のように考える必要があるのです。もし、私たちが一方で、頭（神経・感覚人間）、胸（リズム人間）、手足（新陳代謝人間）を分離した場合、私たちは次に、分離した分岐を再び統合して考えなければならない、ということを意識する必要があります。私たちは、基本的に、単に別々に思考してはいけないのです。私たちは常にもう一度統合して考えなければなりません。別々にだけ思考したいと願う思考人間は、息を吸い込むだけで吐こうとしない人間のようなものだといえます[1]。

こうした考察により、皆さんは直ちに、未来の教師が使用する必要のある思考法を得たことになるのです。教師たちは、とりわけこの内的に動く思考、この図式的でない思考を自分の中に取り込む必要があります。なぜなら教師たちが、この図式的でない思考を自分の中に取り込むことによってのみ、彼らの魂が現実に近づくからです。この現実に近づくということをより大きな視点から時代現象として把握しなければ、現実に近づくことはできません。もし科学的なものを視野に入れるならば、現在ますます増大している生活の些末なこだわりを克服して、それらを大きな生死にかかわる人生問題と結びつけるところまでいかなければならないのです。

【訳者解説】

（1）三つの部分に分かれてはいても、全身が頭であり、胸であり、手足であるともいえるという柔軟な現実に即した生きた思考が大切だということです。図式化しない思考法が精神科学的な思考法、つまり人智学的な思考法なのです。

## 4　不死の問題とエゴイズム

未来に向けて、精神文化のすべての発展にとって、一つの問題が重要になってきます。それは不死の問題です。人間は、以下について明瞭に把握しなければなりません。大多数の人がこの不死性をどう把握しているかについて、すなわち、多くの人間がすでに不死性を否定するようになっている時代に、どう理解しているかについて明瞭に把握しなければならないのです。通常の宗教の基層から今日なお不死について語りたいと思っている人々の中に、何が生きているのでしょうか。これらの人の中で生きているのは、もし自分が死の門をくぐり抜けた時に魂はどうなるか知りたいという衝動です。

もし私たちが不死の問題――より良い表現に言い換えれば、人間の存在核の永遠性――に対する最も大きな関心は、人間が死の門を通る時どうなるのか、という問いと結びついているということです。人間は自分が自我であることを意識しています。この自我の中に、その人の思考・感情・意志が生きており、この自我がいわば消滅するということを認めることに耐えられないのです。死を通っても自我を携えていくことができるのか、死後自我がどうなるのかということに人々はとりわけ関心があるのです。この関心が生まれたのは、ここで最初に考察している宗教システムが、不死について語る場合に人間の存在核の永遠性で目に入るのは、まさに次の質問であるということに基づいています。その質問とは、人間が死の門を通り抜けると人間の魂はどうなるのかという問いです。

もし不死の問題をそのように扱うのであれば、不死の問題に異常なほど強い利己的な味つけをすることになるという事実を皆さんは感じなければなりません。それは基本的に利己的な衝動です。

人間に、死の門を通り抜けたら自分の存在核はどうなるかを知りたいという興味を流し込むのは、利己的な衝動なのです。そして現在の人間がそれを実行するよりも、むしろ自己認識を正しく行使し、自分でじっくりと考え、現在の場合以上に強い幻想を抱かなければ、人間は死後の魂の運命についてて何かを知りたいという興味には、エゴイズムがいかに強力に作用しているかを見通すことができるようになるでしょう。

このような魂の気分は、ここ3、4百年の物質主義的な実証の時代において今再び強くなっています。そしてもし、この理論や教えが単に抽象的な形式をとっているだけだとしたら、そのような理論や教えによって何かに打ち勝つことはできず、内的な感受の習慣や思考の習慣が把握したようにしか、人間の魂がそれを把握することはできないでしょう。しかしその状態にとどまることができるのでしょうか。人間の永遠の本質核に関する問いについて、人間の本性の中のエゴイスティックなものだけに触れることが許されているとでもいうのでしょうか。

## 5　誕生の謎①

もし皆さんがこの複雑な問題群に関わるすべてを視野に収めるとすれば、皆さんは次のように言わなければなりません。人間の魂の気分が、私がまさに特徴づけたようになってしまったということとは、以下のような観点が宗教によってなおざりにされていることからきているのです。人間が最初の泣き声をあげ地上世界に誕生した後、驚嘆すべきありかたで魂が肉体の中に次第に入り込んでいく様子をみるという観点、言い換えると、人間が生まれる前に霊的な世界で生きていた存在が、どのように人間の体の中に立ちあがってくるのかを見る観点がおろそかにされているのです。人間が誕生する際に霊的世界から物質的人間へと何が継続しているのかという問いが、今日どれほど問われているでしょうか。人間が死んだら何が継続するのかについては、繰り返し問われています。しかし人間が生まれる時に何が精神界からやってくるのかということは、ほとんど問われていないのです。

後者の問いにこそ、今後は主要な注意が向けられなければなりません。私たちは、成長する人間から、霊的・魂的なものの開示を、つまりは誕生前あるいは受胎前にどういう状態だったのかを、ある程度読み取れるようにならなければなりません。私たちは成長する子どもの中に、霊的世界に滞在していた存在の継続を見るようにならなければならないのです。そうした時に、人間の永遠の本質核と私たちの関係は、ますます利己的ではなくなっていくのです。霊的世界から物質的世界へと継続するものに関心がなく、死後継続するものにだけ関心があるとしたら、人間は内的に利己的だといえます。何が霊的世界から物質存在の中に継続していくのかを見ることが、ある意味で利己的でない魂の気分を生み出してくれるのです。

利己主義者は、根本的に、霊的世界から物質世界への継続を問題にしません。なぜなら彼は、自分が地上世界にいることを知っているからです。そして地上世界にいることに満足しています。彼が知らないのは、死後も存在するかどうかということだけなのです。それゆえ彼は、それを証明してもらいたいのです。利己主義が彼をそうさせるのです。しかし真の認識は、利己主義から人間に与えられることはありません。死後、魂の存在の継続への関心を生み出すような昇華された利己主義においても、真の認識は与えられないのです。宗教が、ここでまさに特徴づけられたような利己主義に基づいて死後の世界をとらえていることは、改善されるべきです。そして霊的世界を理解できる人々は、この克服が単に認識をもたらすだけではないことを知っているのみならず、人間環境に対する全く異なった人間的態度をもたらします。人間は、霊的世界にとどまることができなくなった魂が、どのように地上で受け継がれていくかを常に注視していれば、成長する子どもを見て、全く違った感じ方、感受の仕方をするようになります。

この観点から見たとき、一つの問題がどれほど異なって見えるかを是非一度だけでも考えてみてください。人間は、受胎あるいは誕生により物質世界に降りてくる前に、霊的世界にいたということもできるでしょう。それゆえ霊的世界では、自分の目標を見出せなかった、ということに違いありません。霊的世界が、もはやその人に、魂がそれに向かって努力するものを与えなくなったに違いないのです。誕生の時がやってきた時、霊的世界では求めることができなくなったものを物質世界で探究するために、物質世界に下って肉体をまとうという衝動が霊的世界から生じるに違いないのです。

もしこの観点を、このように　―感じ、感受しながら―　受け取ることができたならば、人生を素晴らしく深めることになります。一つの見方である利己的な観点は、常に人間を、ますます抽象的にし、理論へと追いやり、頭の思考を獲得させようとします。もう一方の非利己的な観点において、人間は、ますます愛をもって世界を認識し、愛によって世界を把握するようになります。これが、教員養成において受け入れられるべき要素の一つです。誕生前の人間を見ること、それゆえ、死の謎を感受するのみならず、人生に対して、誕生の謎を感受することも必要なのです。

【訳者解説】

(1) 誕生前への眼差しが、愛を持って世界を認識することにつながり、死後にだけ意識を向ける利己的な眼差しに対してバランスを取ることができるという見方が提起されています。生まれてくる前の子ども一人ひとりに眼差しを向けることが、愛を持って子どもと接することにつながるので、教師にとっての重要な要件となるわけです。

## 6　頭（神経・感覚人間）、胸（リズム人間）、手足（新陳代謝人間）と
## 物質体、エーテル体、アストラル体の対応

しかしそうであれば、実際に三分節化した人間の中に表現されている形態に対する感情を獲得することによって、人間学を人智学へと高めるようにならなければなりません。私は既に先ほど、人間のこの頭（神経・感覚人間）は、主に頭なのであり、他の身体の部分とはまったく異なって球形をしており、他の身体の部分の上に乗っているだけなのか《左図を見よ》と問いました。そして再び、胸（リズム人間）を取り上げた場合、胸はどのように現象しているのか、と。胸は本来、頭の一部を取り上げ、拡大し、そしてここが背骨となるように現れます。頭は、その中心を自分の中に持っていますが、胸は、その中心をはるかかなたに持っています。そして皆さんが、いわば、一つの大きな頭を考えたならば、この大きな頭は、背骨の上に乗っかっている人間に属しているのです。もし私たちが背骨を不完全な頭であると見做したならば、私たちは、水平に横たわる人間を見出すことになります。

さらに複雑になりますが、もし私たちが、手足（新陳代謝人間）を見たならば、それを平面上に描くことはまったくできません。要するに、形の変形を考察すれば、人間本性の三つの部分は全く異なって現れてくるのです。頭は、いわば全体です。胸は全体ではなく部分です。そしてようやく

全体でも部分でもない手足がくるのです[1]。

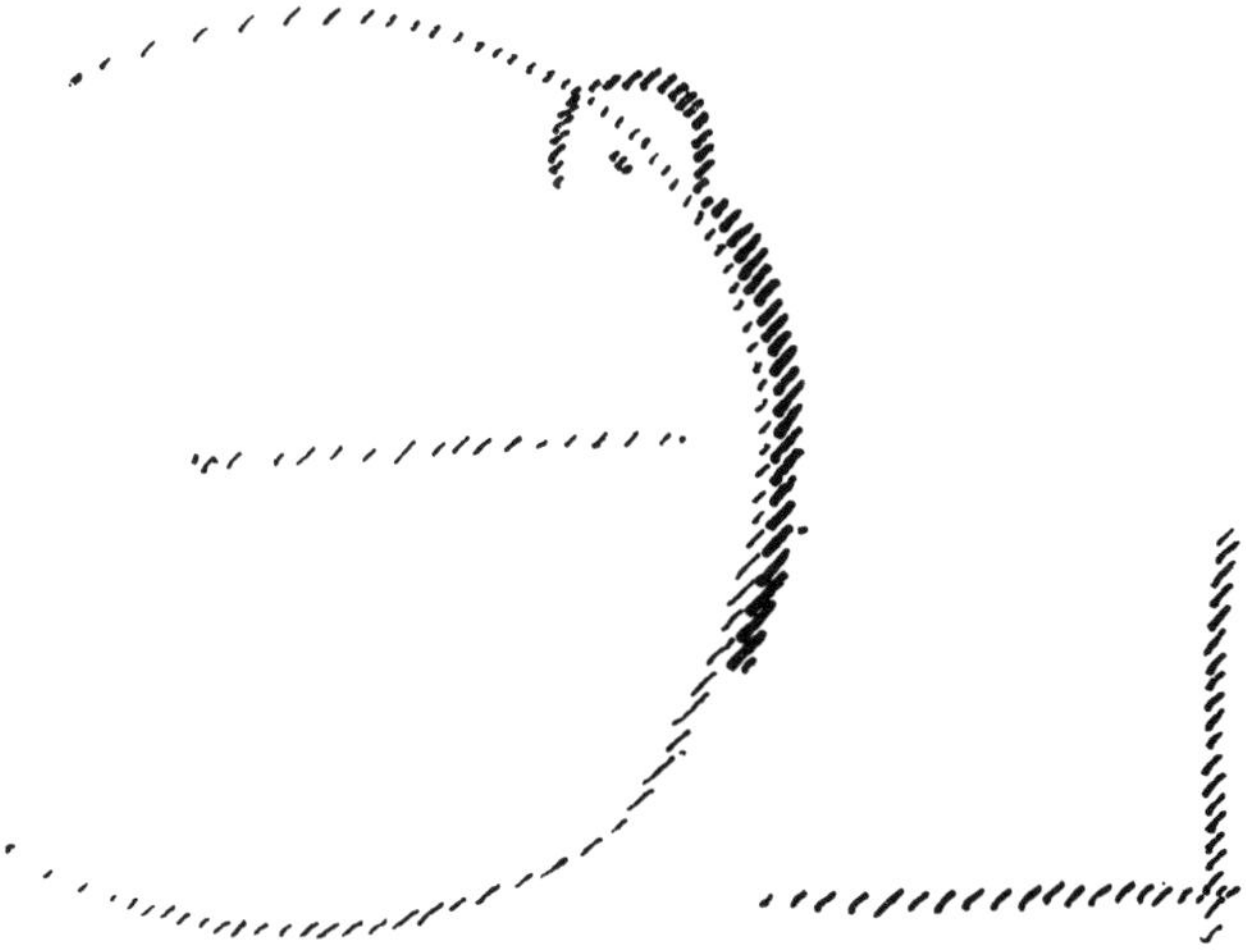

さて、人間の頭は何によって完結しているのでしょうか。頭が自己完結しているのは、人間の三つの部分の中で、人間の頭が一番物質世界に適応していることによっています。皆さんには、この主張が異様に感じられるかもしれません。それは皆さんが、人間の頭を人間の最も高貴な部分であるとみなすのに慣れているからです。しかしこの人間の頭が最も物質世界に適応している、というのは本当です。頭は主に物質的存在を表現しています。それゆえ、次のように言うことができます。肉体を特徴づけたいならば、頭を見なければならない、と。頭に関しては、人間は、ほとんど物質的身体です。胸部器官（リズム器官）に関しては、人間は、大部分エーテル体です[2]。新陳代謝器官に関しては、人間は、たいていは、アストラル体です[3]。そして自我は、物質的世界には、まだ何も明確な形では特徴づけられないのです。

ここで私たちは、非常に重要な一つの観点に到達しました。皆さんは、この観点を次のように正しく用いなければなりません。私が、人間の頭、すなわち、ご承知のように、私が描いた図《138頁図の〝斜線〟部分》を見たなら、物質的身体の最も主要な部分を見ていることになります。頭は、人間の中に開示されたものを示しています。胸（リズム人間）の中では、エーテル体がより多く活動しています。頭では、エーテル体は、最も少なく活動しています。胸では、エーテル体がはるかに多く活動しています。それゆえ物質的に見れば、人間の胸部は、頭より不完全です。物質的に見れば、胸は、より不完全なのです。そして、手足（新陳代謝人間）になると、まったく不完全です。

なぜなら、そこではエーテル体は少ししか活動しておらず、アストラル体が主に活動しているからです。そして、しばしば私が強調したように、自我は、なるほどまだ赤ちゃんであって、まだほとんど物質的な相関物を持っていません。

それゆえ皆さんは、人間は物質的身体からなるということもできる、ということを理解されるでしょう。もしあなたが、人間の物質的身体に一番近いものは何ですかという質問に答えたいなら、その答えは、頭であるということになります。人間は、エーテル体から構成されています。エーテル体に最も近いのは何か？ それは胸部です。人間は、アストラル体から構成されています。アストラル体に最も近いのは何か？ それは手足です。自我に関しては、物質的人間の中で、それを指し示すものはほとんどありません。それゆえ、人間の三つの部分、頭（神経・感覚人間）、胸（リズム人間）と手足（新陳代謝人間）の三つの部分のそれぞれが、その背後にある何かの像になっているのです[4]。頭は肉体の像であり、胸はエーテル体の像であり、手足はアストラル体の像なのです。人間は、今日人々が病院で肢体を調べるように、それが胸にあるのか頭にあるのかに関わりなく組織の一部あるいは何かである、とみなすことによって、人間を探究することがないようにする必要があります。人は、次のように言えなければなりません。頭（神経・感覚人間）、胸（リズム人間）、手足（新陳代謝人間）はそれぞれ、宇宙と異なった関係を持っていて、その背後に潜んでいるものが、イメージ的に異なったものを現していると。この見方が、今日の単なる人間学的な見方を人智学的な見方へと広げることになるのです。純粋に物質的に見たならば、胸部器官も頭部器官も同等です。(5) 皆さんが肺を解剖するか脳を解剖するかについて物質的に見れば、いずれも同じ物質です。しかし精神的に見たら、そうではないのです。精神的に見たら事態は次のようです。脳を解剖する場合、実際はっきりとあなたは目の前に解剖対象を見ます。あなたが胸にある肺を解剖する場合は、解剖対象は、それほど明瞭ではありません。なぜなら、そこでは睡眠中、エーテル体が極めて重要な役割を果たしているからです。

私がまさに今論じた事柄は、胸の精神的な像です。瞑想によって、すなわち皆さんが人智学的な文献の中に見出すような練習によって進歩した人は、次第に人間を現実的に三つの部分に区分するようになります。ご存知のように私はこの三分節について、ある特定の観点から拙著『いかにして超感覚的世界の認識を獲得するか(6)』の当該の章の中で書いています。そこでは、境界の守護霊(7)について暗示されています。しかし、人はまた三分節を、自己自身への強い集中によって実現することもできるのです。今や実際に頭《神経・感覚人間　138頁図の〝斜線〟部分》と胸《リズム人間　138頁図の〝縦線〟部分》と手足《新陳代謝人間　138頁図の〝横線〟部分》を切り離すことができるようになるのです。そうすると人は、頭が何によって私たちのこの頭なのかに気づくのです。もしあなたが内的集中により、附属物を持った頭をその他の人間有機体から引き離して、実際の頭として、人間本性の他の部分の影響をなくしたとしたら、頭は死んでしまいます。頭は、もはや生きてはいません。霊学的に見れば、頭を死せる鉱物体として知覚せずに、頭を他の人間有機体から切り離すことは不可能です。胸（リズム人間）は、他の部分から切り離しても生きています。そしてもし手足（新陳代謝人間）を切り離すことによりアストラル体を分離したら、アストラル体（アストラル人間）は生身の体から離れて、その場所にはとどまらず星の動きのような宇宙的な運動に従います。なぜなら、アストラル人間は、アストラル的なるもの（星的なるもの）を内に備えているからです。

そして今一度考えてみてください。あなたが人間の子どもの前に立っているとします。私が今論じましたように、皆さんは、とらわれない心で理性的に子どもを観察します。そして、人間の頭の方を見ます。頭は、死を内に担っています。胸から頭に影響を与えるものを見ます。そうすると、それがすべてを生き生きとさせていることがわかります。子どもが走り始めた時、子どもを見ると、走る動きの中に活動しているのは、アストラル体であることに気づきます。今や皆さんには、人間の本性がいくらか内的に見通せるようになったのです。

頭は死せる鉱物体です。頭が完全に休んでいる場合、人間の中で静かに生命活動が広がります。子どもが走り始めた瞬間、皆さんはすぐに気がつきます。走っているのはアストラル体であると気がつきます。アストラル体が走れるのは、このアストラル体が走る際、動く際に、素材を消費するからです。新陳代謝がいくらかは起こるのです。自我は、どうやって観察できるでしょうか。今や既にすべてのものが消費されました。皆さんが、死せる鉱物体としての頭、生命的な胸（リズム人間）、走る動きと見てきたあと、外的に自我を観察するために何が残っているでしょうか。私は皆さんに、自我には物質的にそれにあたるものはほとんどない、と言いました。皆さんは、人間の成長を考察した時にのみ、自我を見るのです。一歳の時、子どもはごく小さい。二歳になるともっと大きくなります。皆さんが、子どもがますます大きくなるのを見たとします。その子が時間の契機に従ってどうであったのかを関連づけたとします。そうしますと皆さんは、物質的な自我を見ることになります。あなたが子どもに対するだけでは、人間の中に自我を見ることはありません。人間が成長するのを見ることにより、自我を見ることになるのです。人間が幻想に身をゆだねるのではなく、現実を見れば以下が明瞭になるでしょう。成長を見ないで単純に子どもと向き合う人間は、物質的に自我を直ちに知覚することはありません。様々な年齢段階で人間を観察したときに初めて自我を知覚するのです。しかし皆さんが20年後に再びその人に会ったとします。そうすると、彼と共に経過した変容において、非常に強くその人の自我を知覚するでしょう。とりわけ20年前に子どもとしてその人を見ていた場合には、特に強く知覚します。

さて、皆さんにお願いしたいのですが、私が話した内容を、単に理論的に考えないでください、そうではなくて、皆さんの表象を生き生きとさせ、人間を、頭＝死せる鉱物体、胸＝生命化、アストラル体＝走り、自我＝成長、の四つに分けて考えてください。以前は、皆さんの前に蝋人形が立っているようだった人間全体が、生き生きとしてきたかのように思い描くことができるでしょう。

ではつまるところ、人間が通常、自分の物理的な眼でそしてまた自分の悟性によって人間について見ているものは何なのでしょうか？　それは蝋人形なのです！　それに、私が今論じたことを付け加えたら、蝋人形が生き生きしてくるのです！

そのために皆さんは、ともあれ精神科学的な認識により感受の中へ、感情の中へ、人間の世界との全体的な関係の中へ、流れ込むところのものによって人間を見る必要があります。走る子どもは、皆さんにアストラル体の秘密を示します。そして走る振る舞いの中に示されているのは—それぞれ子どもは、その子なりの走りをしますが—様々なアストラル体の構成からきているのです。そして、成長の中に示されているものは、自我によって何か刻印されたものなのです。

【訳者解説】

（1）湾曲する背骨は両側に延長すると大きな球のひとつの形になります。そういう大きな球の一部の頭が球の形をしているのです。手足は半径になります。だからどこでも動くことができます。円の場合はあらゆるところに弦があるのと同じです。

（2）エーテル体については、第1講8【訳者解説】（2）を参照してください。

（3）アストラル体については、第1講8【訳者解説】（3）を参照してください。

（4）スピリチュアルのものが物質世界に現象すると像になります。
（5）頭（神経・感覚人間）と胸（リズム人間）と手足（新陳代謝人間）は質が違うので、たとえば、脳も腎臓も肺も臓器として同じように扱うわけにいかないということです。違うために三つを別々に扱わなければならないということを説明しています。
（6）『いかにして超感覚的世界の認識を獲得するか』（シュタイナー著、高橋巌訳、イザラ書房・筑摩書房）
（7）「境界の守護霊」とは次のような存在を指します。超感覚的な認識力を開発していくと、その世界に入れるようになりますが、人間の意識の純化が不十分な場合、霊界で悪い影響を受ける危険性があるため、不完全な状態で霊界に入らないよう見張っている存在がいるのです。そういう存在が守ってくれているということです。

## 7　自我の表れとしての外面：個性への着目

外面には、その人のカルマが非常に強く働きかけています。もはや現代とはいえませんが、一つの例を挙げましょう。ヨハン・ゴットリープ・フィヒテ(1)の例です。私は皆さんに、ある時は偉大な哲学者として、ある時はボルシェビキ(2)として、といったように様々な側面からフィヒテを特徴づけました。皆さんは、私が、どうしてフィヒテがボルシェビキとみなされるのかについて示したことをよく覚えておいででしょう。しかし今度は、また別の観点から見てみたいのです。さて私たちが通りにいて、そこにフィヒテが通りがかったとしましょう。私たちは彼を見ます。彼はそれほど大きくなく、がっしりしています。彼の成人した様子は何をあらわしているのでしょうか。成長の抑制が見られます。足を強くおろします。特にかかとを強くおろします。フィヒテを見ていると彼はそのように歩きます。フィヒテの自我全体がその様子に現れています。フィヒテがどういう人であったかというニュアンスは、彼が青年時代に何か飢えていたということにより身体の成長が抑制され、小さめでがっしりした体になり、かかとで強く地面に足をつく、ということを見たならば明らかです。人は、彼を後ろから見れば彼の話しぶりを知ることができたのです!

ご覧のように精神的な要素は、生命の身体的な部分に入り込むものです。もし人間が、今日の魂の状態とは異なった心情を受け入れないとするならば、精神的要素は生命の身体的な部分には入り込めません。今日の人間にとっては、こうした見方により人間を見るのは不謹慎ということになるでしょう。人は、こうした見方が広まるのはあまり望まないでしょう。といいますのも今日の人間は、ますます広まっている物質主義のために、自分のものでない手紙を開けることが禁止されているからという理由で開けないだけで、禁止されていなければたいていい開けてしまうようになってきているからです。このような人間の徳性においては、こうした人間に対して、すべてを別様にするのは不可能です。しかしながら地球は、15世紀の半ばから、人間が人間に対して物質体の中にまで精神的に入り込む以外には地上の肉体的存在の中で身に付けることができなかったものを、身に付けられるようにしました。ですから私たちは、将来に向けて成長すればするほど、ますます感覚的に私たちの周りにあるものをすべて精神的に把握するようにならなければならないのです。そしてこれが、成長する子どもたちへの教師の教育活動によって開始されなければならないことなのです。人相学的教育学(3)はこの最大の謎を、個々のすべての子どもたちについて、教育によって解こうとする教育学なのです。

さて皆さんは、私が人間性を検証するために取り上げた問題が、私たちの時代にいかに強力かを感じることができるでしょう。私が説明しました内容は、ますます人々を個人化へと、すべての人間を自立した存在へと追いやることでしょう。これがまさに私たちの前に偉大な理想として浮かんでこざるをえないのです。他者と同じ人はいません。だれもが独自の存在です。私たちが人間として、すべての人間が独自の存在であることを認めることができない状態で、人類がその目標に到達しようとしても、人類はその目標を達成することはないでしょう。ところが今日私たちは、この目標に向かって努力しようとする徳性から、いかに遠く離れていることでしょう。今日私たちは、まさに人間を平準化しています。私たちは、人々をそれぞれの個性をしっかり検討しようとしないで見ているのです。私がしばしば講演で取り上げたヘルマン・バール(4)は、かつてベルリンで、時代形成がもはや個性化しないところまでいくと告白したことがありました。ヘルマン・バールが1890年代に一時ベルリンに住んでいて、ベルリンの社交生活をしていた時、もちろん彼の隣には毎夕左右に女性が座っていました。しかし彼が再び次の夕方二人の女性の間に座った時、彼はせいぜい招待状から昨日とは異なった女性であると知ることができたにすぎないのです。彼は、それほど詳細には隣の女性を見ませんでした。基本的に、昨日の女性と今日の女性はまったく区別できなかったからです。彼は、二人の中に同じ人物を見ていました。社会的な、すなわち産業的な文化は、外的に人間を同じものとしてしまい、個性を際立たせないのです。そして人々は、現在、画一化を求めています。他方で、人間の内的な目標は、個性化を目指して努力することでなければならないのです。私たちはたいてい、個性を覆い隠しながら、個性を求めることが最も必要であると思っているのです。

内的な魂の目を完全に個性へと向け始めること、それが学校の授業で始まらなければなりません。教員養成には、人間の中に個性を見出す心構えが取り入れられなければなりません。それが可能になるのは、皆さんが人間の表象を、私が描いたように生きいきとさせることによってのみなのです。皆さんが前進するのは、機械によるのではなくアストラル体によるのであり、肉体がそれについてくるのだ、ということを本当に意識することによってのみなのです。比較してみてください。

皆さんの魂の中で、人間の内的に生きいきとした動きのある像として生じるものと、今日通常の科学が与えてくれるホムンクルス(5)、まさしくホムンクルスとを比較してみてください。科学は人間についで何も語りません。ただ人間はホムンクルスであると説くだけです。現実の人間それこそが、とりわけ教育学に取り入れられなければならないものです。しかし現実の人間は、教育学から完全に取り去られてしまっています。

それゆえ、教育問題は教師問題なのです。教育問題がそのようにみなされない限り何か有益なものが教育において生じることはないでしょう。ご覧のように、より高い観点から見た場合、すべては繋がっています。一つのものが実際に別のものと結びつくのです。今日人々は、また好んで人間の活動を、内面的な活動を、教科として並列して教育したがっています。そこではまず人間学を学び、次に宗教を学びます。物事は、あまりお互いに関係づけられることがありません。実際に皆さんがお聞きになったように、皆さんが人間について観察するものは、不死の問題と人間本性の永遠性についての問題と隣り合わせなのです。そこで私たちは、人間本性の永遠性の問題を人間の直接的な観察と結びつけなければなりません。このように魂の体験を揺り動かすこと、それこそを、とりわけ教育学に取り入れなければならないのです。そうすれば、今日教員養成施設によって発展しているものとは違った内的な能力が開発されるでしょう。これが、特に重要なことなのです。

私は本日の考察により、皆さんに、いかに精神科学がすべてのものを貫徹する必要があるのか、またなぜ精神科学なしに現在の大きな社会問題を解くことができないのかを示したいと望んだのです。

【訳者解説】

（1）ヨハン・ゴットリープ・フィヒテ（1762~1814）は、カント哲学を自我哲学として構成したドイツ観念論哲学の重要人物です。

（2）ボルシェビキというのは、ロシアの革命運動の中でレーニンが率いていたグループの名称です。

（3）人相学的教育学というのは、現在は、使われていませんが、当時は、人相学により、盗みの傾向があるなどと読み取れるということで教育にも役立つと考えられていました。

（4）ヘルマン・バール（1863~1934）は、オーストリアの作家で文明批評家です。

（5）ホムンクルスは、錬金術に出てくる人造人間のことです。ゲーテのファウストにも登場しています。

治療教育の原点
〜水頭症の子どもの家庭教師をする〜

シュタイナーはウィーン大学を終えてのち、水頭症で全く勉強ができない男の子の家庭教師をしました。その子を全面的に指導させてもらうことにより、独自の対応を工夫して水頭症を完治させ、ギムナジウムに通うまでに成長させて、やがてその子は医者になりました。家庭教師をしている際にシュタイナーは、その子の中に優れた精神的力がまどろんでいることを確信し、その精神を覚醒させるべくあらゆる努力をしたのでした。シュタイナーの治療教育の原点はここにあるように思われます。

シュタイナーの治療教育

シュタイナー系のいわゆる障がい児教育は治療教育と呼ばれています。それは健常児も基本的に多かれ少なかれ治療を必要としており、その程度の問題に過ぎないという認識が背後にあるからです。また、精神は決して障がいを持つことはなく、精神が思いどおりに肉体を動かせない時に障がいが起こると考えられています。この考え方により、障がい児の精神は健全であり、治療者はその子の方が自分よりも優れた精神を持っている可能性があると認識することで、障がい児に畏敬の念を持って接することができます。こうした認識があれば、神奈川県の障がい者施設「津久井やまゆり園」で起きた事件は防げたのではないかと思います。

＊参考：『気になる子どもとシュタイナーの治療教育（山下直樹著、ほんの木）、『シュタイナーの治療教育』（高橋巖著、角川選書）

# 第5講

# Fünfter Vortrag

## 1　知性の時代史へ

　本日の講演では、世界の様々な力が現在の発展の流れの中にどのように組み込まれているのか、またそれらの諸力が私たちの人間生活の基礎をどのように作り上げているのかという観点から、時代史に言及することになります。もし私たちが人間らしい生活をさらに前進させたいと思うのであれば、現在の人間が慣れ親しんでいる抽象的で硬直した概念を、流動的で動きのある生きた概念へと変えることがますます必要になってきます。この概念の移行に関しては、知性（Inteligenz）という言葉が、独特の光を投げかけてくれます。現在の人間は知性を特別に誇りに思っているからです。

　もし現代の人間が過去の文化期を顧みて、当時の人間が多くのものをイメージとしてどのように表象していたか、また現在、知性や学問によって正しいと認識されていることを当時の人間が神話や伝説などによってどのように把握していたかについて考えてみたとしたら、その人は、こうした以前の精神や魂の見方を幼いと思うことでしょう。現代人は幼かった人類の発展段階を顧みて、自分たちがとりわけ知性の訓練において、どれほど進歩してきたのかを自慢します。私は本日の講演で人間の知性の特性をテーマにしたいと思っています。現代の人間が特に誇りに思っているこの知力を目の前に見すえたいのです。人々が現在、知性について語る場合は、人々が特定の仕方で表象している魂の力を想定しています。そして人々は、その特定の知性の力を想定することにより古い知性を批判可能であり、また批判せざるをえないと考えているにすぎません。つまり、こうした見方が習慣化しているのです。

以前の文化期の人間もまた　―それが異なった形態の知性であったとしても―　知性を持っていました。そして現代の人間にとっての知性の意味を十分に認識したいと思うならば、以前の人間の知性がどのようなもので、その知性はどのように現代の知性へと徐々に変化してきたのかという問いが生まれてくることでしょう。

## 2　エジプト・カルデア期の知性

私は、私たちが慣れ親しんでいる、後アトランティス第三期と呼ばれているエジプト・カルデア時代以上に遡ろうとは思いません。エジプト・カルデア時代の次にギリシャ・ラテン時代が来て、そのあとに現在の時代が続きます。知性の特徴について、以下の三つの時代から考察しようと思います。それらはエジプト・カルデア期、ギリシャ・ローマ期、後アトランティス第五期です。もし我々が、知性はある時期にだけ知性であり、ある様式でのみ可能であると考えたとしたら、それは間違っているということを私は前提にしています。「今の時代の知性」がある人は知的であり、「今の時代の知性」がない人は知的ではないと考えるのは間違っているのです。知性は変容してきています。エジプト・カルデア時代の知性は、現代の知性とは異なります。古代エジプト人や古代カルデア人は、彼らの別様な知性によって―彼ら独自の人間の本性が宇宙全体とつながっているという意味で―宇宙と親縁関係があると感じていたのです。

今日の人間が知性を使って考えていることに関しては、エジプト・カルデア期の人間は、ほとんど、あるいはまったく考えませんでした。彼らは現代のような知性を持っていなかったからです。彼らが別様な知性を働かせた場合は、その知性の中で、自分たちが宇宙と繋がっていることを体験したのです。古代エジプト人や、古代カルデア人は、自分が十二宮図(1)のそれぞれの像と、どのような関係にあったのかを知っていました。彼らは、月や太陽やその他の惑星が彼らの魂や肉体の特性に対してどんな影響を与えるかを知っていたのです。また彼らは、四季の移り変わりが人間の本性にどのように働きかけるかを知っていたのです。これらすべてを、彼らは、現代とは別様な知性で把握していました。一つの完全な内的イメージを、彼らの知性によって、宇宙と彼らとの密接な関係を通して獲得したのです。

【訳者解説】

(1) 十二宮図というのは、黄道十二宮のことで、白羊宮、金牛宮、双子宮、巨蟹宮、獅子宮、処女宮、天秤宮、天蝎宮、人馬宮、磨羯宮、宝瓶宮、双魚宮の十二です。

### 3 ギリシャ・ラテン期の知性

こうした知性は、キリスト教が基礎づけられる前の紀元前8世紀、エジプト・カルデア期が終わった時に変化しました。知性は次第に、それまでとは全く異なったものになっていきました。紀元前8世紀に、もはや宇宙との関係を把握する知性ではなくなっていったのです。人は、まだ宇宙との関係を知ってはいましたが、しかし一種の残響として、一種の思い出として知っていたのです。そして、その代わりに、人間の自分自身に関する考察がギリシャの知性の中に入ってきました。ギリシャ人は、地上の住人として宇宙との関係を知ることがより少なくなり、宇宙を無視することが多くなりました。またギリシャ人は、彼らの知性を適用することにより死に支配されているものについての明白な感情や感受を持つことができたのです。ギリシャ人はこの知性により、死に服するものや地上世界についてすべてを把握したのです。

この感情は、15世紀の半ば以来の、つまり後アトランティス第五期以来の知性の発展とともに再び失われていきます。ギリシャ人は超感覚的なものを理解したいと意志する時、とりわけキリスト以前の時代になお存在していた多かれ少なかれ先祖返り的な見方に頼らなければなりませんでした。ギリシャ人は基本的に熟慮や知性によって、地上で死に服するもの死するものすべての基礎となっている法則性や規則性を知ったのです。思考によっては死せるものしかわからないのです。

生きたものを理解するには直観しなければならない、とプラトン[1]の弟子たちが語ったように、ギリシャの秘教学院では、こうした関係について特定の重要なテーマが話されました。ギリシャの秘教学院では、おおよそ次のように語られたのです。「すべては、スピリチュアルである。また、見かけ上物質的なものにも、スピリチュアルな営みやスピリチュアルな法則性が基礎にある。君たちに地上的（物質的）に見えるものも、根本的には精神の法則に支配されている。さらに、君たちが肉体を持つかぎり君たちが従わねばならない精神の法則があるのだ。肉体を持った君たちが死の門をくぐると、君たちの体は物質的な力や地球の素材にゆだねられる。しかし、この物質的な力や素材は見かけ上物質的であるにすぎない。それらもまたスピリチュアルなのだ。それらは死んだときに現れる精神的なものによって貫かれている。君たちの知性によって何らかの法則を把握するとしたら、それは死せるものの法則だ。それは、死体を受け取る墓掘り人の法則なのだ」と。人間の知力は、死体を引き受ける墓掘人が受け取るものだけを把握できるということが、多くのギリシャの秘教学院の生徒の確信だったのです。秘教学院の教師は生徒に語りました。「君たちがここ地上で生きているならば、あるいは君たちが魂で、死と再誕生の間に身体から解放されていた場合に、君たちはどんな精神の中で生きているのかということを知りたいと思うならば、直観したものを君たちの確信として受け取らなければならない。もし、そうして受け取らなければ、君たちは知力によって概念や理念を発展させることになり、精神は身体を受け取る物質でしかないと理解することになるのだ」と。

エジプト・カルデア期の人間は、彼らの知性において宇宙全体との親密な関係を感じ知覚していたのに対し、ギリシャの人間は、彼らの知性によって墓場を支配しているものを知覚していました。私たちはそのことを知らないだけです。それゆえ、私たち——それを学ばなければならない人々——は、解剖室に行き、死体を研究し、死体の法則性をつかむのです。つまり、人間の法則性として私たちの知力によって把握する法則性をつかむのです。しかしそれは、死者の法則性にすぎません。この知力が把握するのは、死者の法則性だといえるのです。

【訳者解説】

（1）プラトン（BC.427~BC.347）は、ソクラテスの弟子で、ソクラテスの対話篇を記録して、ソクラテスの思想を書き残しました。すべての哲学はプラトンの脚注にすぎない、と言った哲学者もいました。

## 4　15世紀の半ば以降の知性

さて、15世紀の半ばを経過して再び知力は新たに変化します。そして私たちはこうした知性の変化の始まりに位置しているのです。私たちの知性は、ある確かな道を進みます。今日私たちは、ギリシャ人がそうであったように、なお非常に強くそうした知性の発展の真っただ中にいるのです。私たちは知性によって死に服するものを理解しますが、この種の死に服する知性もまた変化するのです。次の数百年数千年で、この知性は全く別のものになるでしょう。今日の知性は既にある種の性質を持っています。私たちは人間として次のような知性の発展へと向かうでしょう。つまり、間違っていることや誤謬、ごまかしだけを理解し考え抜く傾向、悪だけを考える傾向へと向かうということです。(1)

秘教学院の生徒は、それを知っていました。そしてすなわち秘儀参入者たちは、ある時期以降、人間の知性が悪に向かって発展していくことを知っていました。単なる知性によって善を認識することが、ますます不可能になっていくということを知っていたのです。

今日、人間はこの移行期にあります。もし人間が知性を緊張させ、野性的な本能に屈しなければ、なお善の光により大切なことに気づいてゆくでしょう。しかしこの人間的知性は、ますます悪いことを考え、人間に道徳面では悪を、認識面では誤謬をもたらす傾向を持つようになるといえます。

これが、秘儀参入者たちが自らを憂慮の人と名付けた理由の一つでした。実際、もし私が今お話ししているようなこうした一面から人間の発展を見るならば、こうした発展は「心配」を、まさに「知力の発展ゆえの憂慮」を引き起こすからです。最終的には、知性が人間にこれほどの自負と高慢を流し込むことができるのは決して無駄なことではないのですが。これは――そう私は言いたいのですが――私たちがその始まりに立っている後アトランティス第五期における知性の悪化の前段階の特徴です。そして人間が、彼の知性以外のものを何も訓練しなかったら、人間は地上で悪の存在となることでしょう。もし人間の将来のことを考慮し、この未来が私たちにとって癒しになると考えたいのであれば、私たちは知性の一面的な訓練に頼ることは許されません。この知力は、エジプト・カルデア期においては善なるものでありましたが、次の時代に死の力に親しいものへと変化したからです。この知性は、やがて誤謬や欺瞞そして悪と手を結ぶことになるといえるのです。

これついて人間は、本来幻想に身をゆだねてはならないのです。人間は、とらわれなく知力の一面的な発達に対して、わが身を守らなければなりません。まさに人智学を志向した精神科学によって、別のもの、すなわち精神世界から新しくなった直観によって得られるものを受け取ることが大切なのです。秘儀の学問が直観で精神世界から取り出したものによってのみ把握でき、知性によっては把握できない内容を受け入れることが必要なのです。

【訳者解説】

（1）現代の知力は悪と結びつく傾向があるということです。

## 5　ゴルゴダの秘密

それにはある客観性が必要です。そしてここで人は、まさにキリスト的秘教的な発展の深い秘密の前に立たされるのです。もし、地球の発展過程でゴルゴタの秘蹟が起こらなかったとしたら、人間は次第に、その知性によって悪的な誤謬に陥った存在となることが不可避であったでしょう。皆さんは、ゴルゴタの神秘によってある教説や理論や世界観が流れ込んだだけではなく、ゴルゴタの秘蹟によりある事実が生じたことを既にご存知です。ナザレのイエスという人間の中に、地球外存在であるキリスト(1)が住んでいました。キリストがナザレのイエスの中に住み、ナザレのイエスが死ぬことにより、キリスト存在は地球の発展の中に入り込みました。それ以来、キリスト存在は地球の中にいるのです。私たちは、それが客観的な事実であるということ、それが、私たちが主観的に認識したり主観的に感じたりするものとは全く関係がない事実であるということを知らなければなりません。私たちは、私たちの認識のためにそれを認めなければならないのです。私たちは自分たちのエートス(2)のために、それを私たちのエートスに受け入れなければなりません。キリストは、人類の発展の中に流れ込んだのです。それ以来キリストは、地球にいるのです。これを復活といいます。そしてキリストは、とりわけ私たち自身の魂の力の中にいるのです。どうかこの事実を皆さんの奥深いところでとらえてください。

ゴルゴタの秘蹟以前に生きていた人と、ゴルゴタの秘蹟以後に生きている人の違いを見てください。魂は地上生活を繰り返していますから確かにどちらも同じ人間です。しかしながら私たちは、地上の人間として人間を見た場合、ゴルゴタの秘蹟の前の人間と後の人間を区別しなければならないのです。

人が一般的な神概念に到達した場合は、この一般的な神概念はキリスト概念ではありません。人が、その現象において自然を追いかける場合、人が、外的に考察できる限りにおいて人間の物質的存在を追いかける場合、一般的な神概念を得ることはできます。しかしキリストの本質には、地上生活の経過の中で自分自身の中に何かを発見したときにのみ、近づけるのです。人は、自分に対して人間は宇宙の諸力によって実在へとやってきたと語ることにより、簡単に一般的な神概念を見出すことができます。人は、自然が人間に開示することよりもさらに前へと進むことによって、自分の中にキリスト概念を見出さなければならないのです。この世界で生活していて、神概念を見出さないとすれば、それは一種の病気です。健康な人間は決して無神論者ではありません。人は何らかの形で、身体的あるいは魂的に病気になりえます。この病気は、しばしば、人が無神論者であるということによって示されるのです。

キリストを認識しないということは、病気ではなく不幸であり、生活をゆるがせにしているということです。人は、自然とその諸力から生まれたという思いを通して、健康な魂によって人間の誕生を追跡すれば、神概念に行きつくでしょう。人は、人生の中で再誕生(3)のような何らかの経験をすることによって、キリスト概念に至ることができます。誕生は神へと導き、再誕生はキリストへと導くのです。それによってキリストが人間の本性として見出されうるようなこの再誕生に、ゴルゴタの秘蹟以前の人は到達しなかったのです。そしてこれこそが、皆さんに注意を向けてほしい違いです。ゴルゴタの秘蹟以前の人間は、キリストがまだその本質において人間の中に流れ込んでいなかったので、こうした再誕生には至ることができませんでした。つまり、自分の中にキリストが生きていることを認識することができなかったのです。ゴルゴタの秘蹟の後、人間はそうすることが可能になりました。人は人生を通して努力すれば、自分自身の中にキリストの火花を見出すことができるのです。

この再誕生の中に　―自分の中でのこうしたキリストの火花の発見の中に―　心から誠実に「私ではなくキリストが私の中にいる」と自らに語ることができることの中に、知力を偽りや悪に陥らせないようにする可能性が秘められています。そしてこれこそが、秘教的キリスト教的意味での、より高い救済の概念なのです。私たちは、私たちの知力を育成しなければならないのです。といいますのは、私たちには、誤謬や悪に陥る誘惑があるので、知的でなくなることができないからです。私たちが、ゴルゴタの秘蹟が何を人類の発展にもたらしたのかについての感受を獲得するときにのみ、私たちは、誤謬と悪に陥る誘惑から逃れることができるのです。

人間が既にキリスト意識の中にいて、キリストと一体になっている場合に、悪や誤謬を免れる可能性を持っています。エジプト・カルデア期の人間は、キリストの中での再生を必要としませんでした。なぜなら彼らは自然的な知性により宇宙との親密な関係を感じていたからです。ギリシャ人は、基本的に真剣に死と向き合っていました。といいますのは、彼らは、ギリシャ・ローマ期の知力に身をゆだねたからです。現在私たちは、もし人間の魂の本性がキリストの力に貫かれなかったとしたら、知力が悪に染まる時代の始まりに生きているのです。キリストとの一体化について、非常に真剣に受け取る必要があります。キリストの力は、人間が知力のより高度な訓練を受けるようになった今の時代に、人々が悪への傾向を持つに至っているということに、どう対処したらよいかを示しています。知性を抑圧すべきであると思うのはもちろん全く誤った考え方です。知性は抑圧されてはなりません[4]。しかし、未来の分別ある人にとっての知性の中には、ある種の知性に身をゆだねる勇気が含まれています。なぜなら知性は、悪や誤謬への誘惑をもたらすので、私たちはキリスト原理と知性が結び合うことの中に、この知性を変容させる可能性を見出す必要があるからです。キリスト原理が人間の魂を貫かなければ、人間の知性は全くアーリマン的[5]になってしまうでしょう。

皆さんは、人類の発展過程において、とりわけ今の時代、いかに多くのそうした兆候があるかということをご存知です。その兆候はまさに私が特徴づけたようなものです。こうしたことを現在、人類の発展の中に見て取ることができる人が大勢います。皆さんは、ただ唯物論によって脅かされている人類の発展段階が、今日の人間の上に既にもたらしたものは何なのかを考えてみるだけで十分でしょう。もし皆さんが、野蛮な時代の忌まわしい出来事と比較できないほどの多くの恐ろしい事柄により今日の文化発展が特徴づけられているということを考えてみるならば、皆さんは知力の堕落の開始が告知されていることを疑うことはできないでしょう。私たちの時代の、いわゆる文化現象を表面的に見るべきではありません。人類の発展を癒しの方向に向けたいのであれば、現在の人間がキリスト衝動を本当に把握するよう全力を尽くさなければならないということに疑問の余地はないのです。今日すでに二種類の人が顕著に目につきます。一つは、非常に知的であって明らかな悪への傾向をもっている人間です。もう一方は、無意識にこうした悪への傾向と戦わずに知力を眠らせることによって目覚めを抑圧している多くの人々です。眠っている魂にも目覚めた魂にも、強烈な悪への傾向や誤謬への傾向が、現在どうしようもないほどに目立っているのです。

【訳者解説】

（1）シュタイナーはキリストとイエスを区別します。キリストは、ヨハネに洗礼を受けた時に鳩としてイエスに入り、十字架に架かるまで3年間、イエスとして生きたと言っています。シュタイナーの四福音書についての講義、とりわけ第五福音書についての講義（『第五福音書』西川隆範訳、イザラ書房）を読むと、その主張の根拠を知ることができます。基本的にシュタイナーは、仏陀、ゾロアスター、キリストは協力関係にあり、同じ根源の神に繋がっていると考えています。高位の存在達は人類の進歩を助けるために協力しあっており、キリストは、まさに神の御子であると考えているのです。ですから立場的には、人類共通の神という普遍宗教の立場に立っています。

（2）エートスというのは、マックス・ウェーバーが『プロテスタンティズムと資本主義の精神』の中で、資本主義は経済により生み出されたものではなく、プロテスタントのカルビニズムから生まれたものであるとの説を唱えた際に、重視された用語でもあり、習慣化した倫理的行為傾向を指しています。

（3）回心のような劇的な体験により、神への信仰に目覚めることを指しています。

（4）現在の科学的知性は、実験で確認できることだったり、論理的に証明できることだったり、物質の法則だったりを認めるという狭い知性になっています。そのために、生命的なものの法則は現在の物質科学ではアクセスできない部分もあり、その領域においては、生命の事実から規則性を見出すという知性の徹底が必要とされているのです。現代の科学的知性にはまた、善悪の判断、道徳的な判断を下すことができないという弱点もあります。ですから脳死問題についても原発問題についても一義的な判断ができません。その弱点を補うために道徳的な知性が必要となります。この道徳的な知性が、キリストの隣人愛の精神です。本来の知性とは、具体的な現象、具体的な人間、具体的な状況・事実に即した判断力のことです。それゆえ、知性を鋭くしながら、道徳的知性、生命的知性へと拡充していく必要があるのです。

（5）アーリマン的というのは、唯物的、物質的という意味です。シュタイナーによると、悪魔にはアーリマンとルチファーの二種類があり、アーリマンは下の方、地球の方、物質の方、物の方へと誘惑し、ルチファーは精神の方、舞い上がる方、エゴイズムの方へと誘惑するということです。

## 6　憂鬱な表情の新生児

皆さん、いま一度思い出してください。私が最後の旅立ちの日にここで論じましたように、5年ないし8年前以降に生まれた子どもたちは、ある憂鬱な表情をかすかに浮かべて生まれてくる点で、それ以前の子どもたちとは異なっていることを。こうしたことに気づく人々は、その原因が、今日物質主義に満たされた世界に魂は生まれたくないと感じているということにあるのだと、明瞭に読み取れます。生まれる前の魂たちは、知性が悪への傾向をもち、堕落する発達にとらえられている世界に生まれることに、恐怖と不安を抱いているのだと言うこともできましょう。

教師や教育者となる人々は、人間の未来のために、子どもたちの憂鬱について強く意識しなければばなりません。今日の子どもたちは10年前の子どもたちとは異なっているのです。この違いは表面的な考察からも明白です。ですから10年前に子どもたちに施したものとは異なった教育や異なった授業をしなくてはなりません。すべての子どもたちを救済しなければならないという意識、すべての子どもたちが人生においてキリスト衝動を自分の中に見出すようにという意識、自分の中に再生を見出すようにという意識を抱いて授業をする必要があるのです。

もし、こうしたことを単に理論的に認識するだけだとしたら、教師や教育者として新しい方法を必要としている実践の場で、この認識を生かせないことになります。子どもの意識変化を魂の中で強く把握した場合にのみ、教育や授業の中へこの認識を導入し生かすことができるのです。とりわけ教師は、知力の誘惑と結びついた人間性に対する大いなる懸念を、教師自身の魂の中で強く把握することが必要です。人間が発達させた知力に対する誇り、この誇りに一矢を報いることは非常に難しいでしょう。今回の受肉(1)と来世の受肉において、人間にとっての「最善」とは、人間が、自分の中にキリスト衝動を見出すという強力な熱い意識によって、知性への誇りを無力化することです。そうしなければ、バランスを取るのは非常に難しいでしょう。

【訳者解説】

(1) 受肉とは、死んで肉体から離れた魂が再び肉体を持つようになることを意味しています。

## 7　宗教的ドグマを越えて[1]

さて、このキリスト衝動が宗教団体のドグマとなってしまうことは許されません。宗教団体は、15世紀の半ば以来の人間の発展において、キリスト衝動を人間に近づけるというよりは、むしろ遠ざけてきました。さまざまな宗教団体が多くの模範を示そうとしています。しかし必要なことは、人々がゴルゴタの秘蹟のあとに地球で起こったことを感じ、内面でゴルゴタの秘蹟のあと人間に開示されたすべてを感じることです。人々が地球に対するゴルゴタの秘蹟の意味を感じるならば、全力を集中して、「もし人間がその知力により悪や誤謬に陥るとしたならば、地球の発展は無意味になるであろう」と語ることができます。つまり、ゴルゴタの秘蹟のない地球の発展[2]は意味がないと感じざるをえないでしょう。

今日、将来の人間を教育するために何かをしたいと思うならば、皆さんは、こうした認識で自分自身を非常に強力に貫かなければなりません。こうした偉大な観点が受け入れられなければならないのです。しかし皆さんはまた、現在の人間の意識がこの偉大な観点を受け入れるには程遠いこともご存知です。それゆえ、繰り返し精神科学的な教えを参照し、人間の進化における偉大な事実を精神科学によって知り、真剣に私たちの魂を強めなければならないのです。それ以上に重要なことはありません。なぜなら、我々の知識だけでなく、我々の生活全体が精神科学によってキリスト衝動を獲得しなければならないからです。この真剣さを感じなければ、本当に精神を大切に考える人とはいえないのです。

そこで皆さんにお願いしたいのですが、精神科学的な基礎からなされたこの格別の進化の開示を尊重してほしいのです。人間の知性に身をゆだねながら、アーリマン的な道に対抗して自らを変容させることによってのみ、真のキリスト衝動を受け入れることによってのみ、強く善に向かうことができるということを尊重してほしいのです。この真実を真剣に自分の中に受け入れる人は、この真剣な受け入れにより、現在の様々な世界観や世界観の流れに対する新たな関係性を生み出せることでしょう。といいますのは、現在の世界観に対してなすべきことが非常に多くあるからなのです。

【訳者解説】

（1）知性の悪への傾向性を、キリスト衝動により善の方へと向けることが、現代の課題なのです。キリストには、ゾロアスターや仏陀の流れも入っているので、西洋的ではなく人類的な出来事であると、シュタイナーは見ています。

（2）地球という惑星も進化発展すると考えられています。

## 8　悪の到達点としての女性狙撃者たち

なすべきことの一つに、悪の到達点としての女性狙撃者たちの問題があります。ヨーロッパの東部の様々な地方から今やってきている方々は、文明への道の途上にある進歩とは思えない一つの事実に、恐れおののいています。その事実とは、いわゆる〝女性狙撃者たち〟の存在です。これは東ヨーロッパで養成されている特別な種類の人間で、東ヨーロッパの民衆の女性たちです。彼女らは、現在の革命的な運動の中で利用され、統治政党に所属せず、まさに常に生命の危険にさらされるいくばくかの期間を過ぎると、牢獄あるいは刑務所に渡されたり殺されたりするのです。東のある地域では、そのために特別の若い女性たちが選別されて、戦争で余った銃で武装させられ、下から生まれた政府にとって敵対者である人々を撃つ仕事をしているのです。これらの女性狙撃者たちは、結び目のある衣服を着て、安物の装身具をつけ、銃を身につけて人を撃つことを喜びとしています。若い人間の血がどのように飛び散り、老年の人間の血がどのように見えるか、ということに対する繊細な感覚をどうやって次第に獲得していけるのかを自慢し、殺人と人間性が結びつきうるとみているのです。私たちは既に現在の文明の特殊形態に到達してしまいました。そして女性狙撃者制度は、まさに現在の文明の到達点なのです。(1)

こうした現象に留意しなければなりません。私たちの時代の真剣さの裏の部分、反対部分に気づくために、女性狙撃者が生み出されているかのようです。確かに、現代の問題に対して真剣でなければならないと感じるために、我々の、いわゆる進歩した文化の嫌悪すべきこうした奇形物をわざわざ知る必要はありません。そうではなく、人類の発展段階自身を認識することから、こうした真剣さは生まれてくるのです。徐々に、現在の人間を襲ってきている睡眠が、目覚めに移行することを皆さんは望んでいることでしょう。目覚めは、真剣に課題に取り組むことによってのみ生まれるのですが、こうした最も価値の高い目覚めは、現在の人間に負わされた義務なのです。この目覚めにより、一面的に自分自身に頼り、アーリマン的なものへと落ち込むという知性の危険性を指し示すことができるということなのです。この目覚めこそが、我々を真剣さで満たしてくれる刺激となるべきなのです。

【訳者解説】

（1）現在では、宗教的民族的な装いのもとに自爆テロが行われていますが、シュタイナーが生きていれば、これも現在の文明の特殊形態とみるのではないでしょうか。

## エンデとシュタイナー

『はてしない物語』や『モモ』で有名なファンタジー作家のミヒャエル・エンデは、シュタイナー学校に在籍していたことがありました。日本においてシュタイナー教育の先駆者である子安美知子氏が、シュタイナーの世界観をベースに『モモ』を読み解いているように、エンデ作品にはシュタイナー思想の影響があります。エンデの死の直前の1994年にエンデの自宅で行われたインタビューを柱にした番組が、1999年にNHK・BS１にて放映されました。その後、河邑厚徳＋グループ現代によって書籍として編集され、2000年に出版されました。この本の第一章に、『モモ』の中にシュタイナーの“老化するお金”と経済学者ゲゼルの“時間とともに価値が減る”という自由貨幣のアイデアが描きこまれていると経済学者ヴェルナー・オンケン氏が気づいてエンデに手紙を書いたところ、エンデもそのことを認めたというエピソードが盛り込まれています。

このエンデの番組は、市民からのリクエストで再々々放送されたくらい多くの反響をよび、日本での地域通貨の火付け役となったといわれています。

エンデとシュタイナーの関係については、意外性があると思われる方が多いかもしれませんが、納得される方も多いのではないでしょうか。

＊参考：『「モモ」を読む—シュタイナーの世界観を地下水として』（子安美知子著、朝日文庫）
『エンデの遺言—根源からお金を問うこと（河邑厚徳＋グループ現代、NHK出版）

# 第6講

Sechster Vortrag

## 1　四つの体(1)

昨日私は、人間の知性が未来に向けてどう変容していくかについて言及しましたが、この主張は、精神科学的な認識により明らかにされた事実に基づいてなされています。今日はこの事実に言及したいと思います。さて、実践的にまた意識的に見て、ある人間が皆様の前に立っている場合、その人は徹頭徹尾、人智学的な精神科学がいうところの存在です。すなわち皆さんが、私の『神智学(2)』からおわかりのように、私たちの前には、四つの部分からなる存在が立っているということを常に意識していなければなりません。四つの部分とは、自我、アストラル体、エーテル体、そして肉体です。人間が私たちの前に立っている場合、常に人間の本質である四つの分枝が現実に存在しているのに、今日の通常の人間の見方からするとそうは見えず、目の前にいる人間が何なのかわかっていません。人々は実際の人間を知らないのです。人々は、目の前に立ち空間を占めている人間を見て、これが物質体だと考えます。しかしながらそこで物質体と呼ばれているものは、その物質体だけが目の前にあったとしたら、通常我々に見えている肉体のようには見えないのです。通常、目で見たように物質体が見えるのは、肉体に、エーテル体、アストラル体、自我が浸透しているからそう見えるだけで、いかに異様に響こうとも、誕生から死までの人間の物質体というものは、自我、アストラル体、エーテル体に浸透されていない限り死せる鉱物なのです。私たちが死せる鉱物を目にしていると考えた場合にのみ、人間の物質体を真にとらえたことになるのです。皆さんが死体を見たとしたら、それが、エーテル体、アストラル体、自我に浸透されていない物質的人間を見たことになります。この三つの体が物質体から離れたときの鉱物体こそが、物質体の本性を示しているといえるのです。

それゆえ、皆さんが人間の肉体と思い込んでいるものを空間的に移動させていると信じ込んだ場合は、皆さん自身は自分を正しく見ていないことになります。死せる鉱物としての物質体を、自我とアストラル体とエーテル体が移動させていると理解したほうがより正確なのです。

【訳者解説】

（1）四つの体については、既に前の講演で説明がありましたが、次節で、体自体が歴史的に変容してきていることが指摘されています。四つの体というものを、エーテル体が東洋の気として存在しており、アストラル体が東洋の念として存在しており、自我体がいわば理想の自我として存在していると仮定したうえで、この節の説明から感じ取ることが大切です。私たちが通常目にする肉体は、エーテル体、アストラル体に浸透されているために、肉色に見えるのであって、エーテル体やアストラル体が浸透していなければ土色に見えるのです。

（2）『神智学』（シュタイナー著、高橋巖訳、イザラ書房・筑摩書房）

## 2 植物的性質を持つエジプト・カルデア期の物質体(1)

人間の真の本性についての以上のような認識が、現代において、ますます重要になってきています。といいますのは、人間は時代によって変容進化していて、いつも同じ状態であるわけではないからです。もちろん私が今述べた内容は外的な物質科学によっては確証できません。しかし精神科学的な認識によれば(2)、こうした事実があきらかになります。紀元前８００年に戻ってみましょう。この時期に、後アトランティス第四期すなわちギリシャ・ラテン文化期がはじまり、その前は皆さんご存知のようにエジプト・カルデア期となります(3)。エジプト・カルデア期の人間は、今日とは異なった特徴を持っていました。現在博物館でミイラとして展示されている当時の人間の物質体は、今の人間よりも精妙な特徴があり、今日の人間とは異なっていました。彼らの物質体は、今日の人間の死せる鉱物体としての物質体ではなく、ある程度植物的だったのです。ギリシャ・ローマ期のころからその傾向が出てきた今日の人間の物質体は、より鉱物的になっていきました(4)。今日、何か宇宙的な奇跡によって、今の人間がエジプト・カルデア期の人間の肉体を所有したとすると、私たちはみな病気になってしまいます。私たちは異常増殖する組織を体の中に持つことになるのです。現代人のいくつかの病気は、人間の肉体が、エジプト・カルデア期においては正常だった状態へと先祖返りすることにより発症します。今日、人間の体に潰瘍が生じることがありますが、この症状は、ただ、ある人の体の一部が古代エジプト・カルデア人の体のようになる傾向を持つことから引き起こされるのです。

　私が今述べましたことは、本質的に人類の発展と関連しています。したがって現在の我々は、死せる鉱物体としての肉体を身につけているのです。古代エジプト人はそうではありませんでした。古代エジプト人は、植物的と言われるものからなる肉体を身につけていたのです。この違いの結果として、古代エジプト人の認識は私たちの認識とは異なっており、彼らの知性の働きは私たちの知性の働きとは異なっていたのです[5]。厳密に考えてみましょう。今日現代人が誇りに思っている科学と名付けられているもので、人間はいったい何を認識しているのでしょうか。死せる物質体のみを認識しているのです[6]。科学においては常に「生命は、通常の知性によっては把握できない」ということが強調されています。ある研究者たちは確かに、化学的に実験を積み重ねていけば、いつかは原子、分子とそれらの複雑な相互作用力によって生命の相互作用が解明されるだろう、と考えていますが、決してそうはならないでしょう。化学的物理学的方法では鉱物的な死せる物質体しか把握できないでしょう。こうした手法では生命体の中の死せる鉱物部分しか把握できないのです。

　しかし、現代の人間の中で知的な力、認識する力を持っているのは、この物質体・鉱物体です。私たちが身につけているこの物質体は何をしているのでしょうか。もっとも深く数学的幾何学的認識をもたらすのです。数学的幾何学的領域ではすべてが透明です。数学的幾何学的領域から離れるにしたがって、ますます不明瞭になっていきます。これは人間の物質体が今の我々にとって実際の認識の担い手であり、死せる鉱物体は死せる部分しか認識できないことからきています。エーテル体とは何か、アストラル体とは何か、自我とは何かということは今日の人間には認識できません。いわば暗闇の中なのです。物質体が鉱物を認識できるように、現在は認識能力のないエーテル体が認識することができるようになれば[7]、エーテル体は植物界の生命を認識するようになるでしょう[8]。まさにこの認識こそが、古代エジプト人が植物的な物質体の中で、現代人とは全く異なる方法で植物世界を認識していたやり方なのです。植物世界についての本能的な認識は古代エジプトの洞察に遡ることになるのです[9]。この洞察は本能的な認識を通してエジプト文化に強い影響をおよぼしました。今日、植物学において、医学的に知られていることでさえ、多くは古代エジプトの叡智に由来しているのです。それゆえ素人的な判断で、それほど価値の高くない認識を伝える場合は、権威づけのために好んでエジプト的なもので根拠づけようとするのです。皆さんは、いわゆる正当な基礎に基づかないロッジが「エジプトロッジ[10]」と呼ばれているのをご存知でしょう。こうした言い方は、古代エジプト人の体に本能的に備わっている叡智が今なお、この領域では伝統として生きていることに由来しています。このように人類が次第にギリシャ・ラテン時代に入るにつれて、人類の生きた植物的物質体は鉱物的物質体へと変容していったのです。私たちは既に、まったく死滅した鉱物的な体を身に着けているといえます。特にそれが示されているのは、私が別の関連から前に申しましたように、頭の部分です。現在の人間の頭は、秘儀参入者の学問から見れば、死体であり死物であり死につつあるものなのです。人類は、ますますこのことを意識するようになるでしょう。現在の人類は、鉱物体としての命の通わない頭によって、ものごとを認識しています。それゆえに、死せる物質体しか認識できないのです。

【訳者解説】

（1）現在の人類においては、エーテル体とアストラル体が浸透していなければ、肉体は死せる鉱物体なのですが、かつての人類、例えば古代エジプト時代の人類は、死せる鉱物体ではなく半分生きた植物的な鉱物だったというのです。初めて聞くと驚きますが、エジプトでミイラが作られたのも、こうした半生命的な肉体の特徴を利用して可能になったのかもしれません。科学的にこうした視点から分析がなされると、新しい真実が見出されるかもしれません。

（2）科学的な認識は、とりわけ物質科学で素晴らしい成果を上げていますが、人間社会において重要な価値判断については、一義的な結論を出すことができません。現代科学にはできることとできないことがあります。人間の生活は科学だけでは動かず、生身の人間が動かしているのです。それゆえ生身の人間を把握するためには、物質科学とは異なる精神科学で補う必要があるのです。

（3）2160年周期で文化期が変わる理由は、太陽が春分点から上るときのサイン（宮）が2160年ごとに変わるからです。

（4）私たちは古代エジプト人の肉体も現在の人類の肉体も基本的に同じであると考えていますが、シュタイナーによれば古代エジプト人の肉体は、現在の人類の肉体より更に植物的であり、植物的鉱物的であったということです。石炭は植物が鉱物化したものであることはよく知られていますが、長い地球史から見ると、すべての鉱物はかつては植物であったというのです。やがてそうした見方が一般化する時代が来るとシュタイナーは考えていました。

（5）鉱物と植物の違いは、生きているのか、死んでいるのかの違いです。植物も鉱物からできているのですが、生命体（エーテル体）の力によって、生命を持ち成長することができるのです。物質から構成されている脳もエーテル体が浸透することにより生きているのですが、脳が認識できるのは鉱物や死物であって、エーテル体を認識することはできません。しかし、古代エジプト人の体は植物的であったので、エーテル的な認識がまだ可能であり、彼らの知力の在り方は、現代の人類の知力の在り方とは異なった、いわばエーテル的知力でした。ですから、例えば植物にどんな薬効があるかを知ることができたのです。

（6）人間が死ぬと体は冷たくなり肌の色も土色になっていき腐食していきます。生きている人間にはエーテル体が浸透しており細胞が生かされているので、見た目もピンク色をしています。しかしエーテル体が肉体から離れてしまうと、肉体の見え方も違ってくるので土色に変化します。ここから理解できるようにエーテル体が浸透していない肉体は鉱物であり死せる物質体なのです。

（7）脳はエーテル体にも貫かれていて、エーテル体は物質的な脳を生かす力として働いています。現在の通常の人間のエーテル体は、まだ認識能力がありません。それはやがて開発されるでしょう。そうすればエーテル体は物質ではなく生命を認識することができるようになります。人類は将来また再びそのような力を持つことができるいうのです。

（8）生命、つまりはエーテル体を認識できれば、例えば植物の薬効も読み解けるのです。

（9）エーテル的な認識力によって、古代エジプト文明は導かれていたというのです。

（10）ロッジという言葉はフリーメーソンの支部に使われる言葉です。ですからエジプトロッジというのは、エジプトのフリーメーソン支部というニュアンスと思われます。フリーメーソンの伝説として、古代エジプト時代の紀元前１０００年頃にイスラエル王ソロモンが神殿建設を命じた際の青銅職人が創設したものが最初だという説がありますので、エジプトロッジという言葉が、その頃権威づけとして使われていたのではないでしょうか。

## 3　私という言葉の力(1)

私たちが未来に向けて進んでいけばいくほど、再び生命的なるものを認識したいという憧れがますます強く生じてきます。しかしこの生命的なるものは、死せる物質体と結びついた通常の知力によっては把握できません。生命的な方法で世界に入っていく可能性を失った人間が、再び生命的に世界へと入っていくことが、いたるところで必要となるでしょう。人類は今こそ、人間が生命的なるものをすべて失ってしまったということに気づく必要があるのです。人類がアトランティス時代から、後アトランティス時代へと移行した時は、今日の人類が合理的・知性的に考えられるようには考えることができませんでした。皆さんはだれでも、子ども時代のある時期(2)から自分のことを「私」あるいは「僕」と言うことができます。皆さんは「私」という言葉を、この言葉への畏敬の念なしに語ります。ですが、この「私」という言葉は、人類の発展において常に尊敬の念なしに語られたのではありません。既に部分的には弱まってはいたものの、人類発展の比較的古い時代、エジプト時代でさえ、「私」という言葉は人々を気絶させるほどの威力を持っていました。それゆえ、この言葉を話すことを当時の人々は避けました。アトランティス大陸の破局のすぐ後の最初の民族が、当時、秘儀参入者にのみ知られていた「私」という表現を使用したとしたら、そこに集まる人々全体が気絶し倒れてしまったことでしょう。それほどに「私」という言葉の威力は大きかったのです。この事実の残響が古いヘブライ時代になお残っていました。そこでは、魂の中で話してはならない神の名前[3]について話すときは、秘儀参入者によってのみ語ることが許されるか、あるいは、皆の前では言葉を身振り言語（オイリュトミー）により表現していました。語ることの許されない神の名前には、このような起源があるのです。こうした力は次第に失われていき、神の名前の持つ深い作用はなくなっていきました。言葉には、後アトランティス時代の第一期は自我による深い影響が、第二期にはアストラル体による深い影響が、第三期にはエーテル体による深い影響がありました[4]。この第三期の段階になると、その影響は人々が耐えられる程度のものとなり、昨日申し上げたように、人間を宇宙と結びつける力へと変容したのです。現在の私たちは、「私」という言葉をいかようにも話すことができますが、その言葉は私たちに作用は及ぼしません。なぜなら私たちの世界の把握の仕方は、死せる鉱物体によるものとなってしまったからです。私たちは、世界を死せるものとして、無機物として把握しているのです。しかし私たちは再び、生けるものを把握する領域へと上昇し、その領域へ立ち戻らなければなりません。紀元前8世紀から紀元15世紀半ばごろまでのギリシャ・ラテン期においては、鉱物に対する死せる認識を生み出すことに重点が置かれていました。昨日私が申し上げましたように、この時期に私たちは現代の合理的な知力への道を歩んでいったのです。だからこそ私たちは、現代の単純な知性に抗する必要があるのです。私たちは、現代の知性に別のものを付け加える必要があるのです[5]。

【訳者解説】

（1）言語は、現代においては、ソシュールの言語学に示されているように、たまたまある対象を示す記号として使われたものであると考えられていますが、古い時代においては、日本の言霊思想にも見られるように、言葉自体に霊的な力が込められていると考えられていました。今でも言葉は、勇気づけたり、傷つけたりする力を備えています。古い時代言葉が特別の威力を持っていたということも、一概に否定はできないでしょう。

（2）子どもは平均3歳頃に、第一の自我の目覚めがあり、私とか僕とか言い始めますが、そのことを意味しています。

（3）キリスト教の神の名はエホバであり、「私であるもの」という名前でもありました。

（4）自我からアストラル体へそしてエーテル体へと作用の中心が移ることにより、言葉の作用力が弱まっていったということです。

（5）現代の知力は、人類史上はじめて合理的な思考、物質的な思考を可能にしましたが、かつての生命的な知力が失われてしまったので、再び意識的に現代の知力に生命的な知力を付け加えることにより変容させることが必要なのです。

## 4　後アトランティス第五期（現代）の課題

私たちは正しく道を進まなければなりません。現在の第五期（後アトランティス第五文化期：1413~3573）においては、ある程度、植物的な認識を行い、次の第六期（ロシア文化期：3573~5733）には、動物的な認識を行い、そして次の第七期（アメリカ文化期：5733~7893）においてようやく、真に人間的なものを認識することになるのです(1)。それゆえ現在の人類の課題は、単に鉱物を認識する段階を超えて、植物的なものを認識するようになることなのです。

さて、深い関連性からこうした人類の課題を洞察した後で、こうした植物的認識を追及した特徴的な人物は誰かといえば、それはゲーテにほかなりません。ゲーテは、死せる物質体を扱うすべての外的科学に抗して、生命的なるもの、植物の変容、植物の成長にアクセスしようとすることにより、後アトランティス第五文化期の、初期の代表的な人物となりました。１７９０年のゲーテの小論で、「植物の変容を説明する努力をしなさい」という文章を読めば、ゲーテが次第に、植物を死せるもの、完成したものとしてではなく、種から芽を出し葉をつけ花を咲かせ実をつけるという具合に成長していくものとして把握していったことがわかるでしょう。この見方こそ、後アトランティス第五文化期に試みるべき認識の端緒なのです(2)。

このゲーテ主義の中にこそ、後アトランティス第五文化期において探求されるべきものの基本線があります。死せる物から生きている物へと移るという、ゲーテ的な意味での学問に目覚めなければならないのです。私が抽象的で死んだ概念から出て生きた具体的概念へと移るべきであると何度も繰り返し言った[3]のは、こうした意味でのことです。私が昨日と一昨日話したことも、基本的に、生きた具体的概念へと移るべきということだったのです。

もし私たちが、世界観と人生観を統一させようと努力しないならば、こうした具体的な生きた概念や表象への移行はできないでしょう。現在の文化の特殊な配置により、現在の私たちは、ある程度非有機的に世界観の様々な流れを並行して走らせる必要があります。一人の人の宗教的世界観と自然科学的世界観が、しばしば非有機的に並行して維持されているのを考えてもみてください。両者を併せ持った人々が少なくありません[4]。しかし、両者の間に橋を架けないのです。橋を架けることに対して不安や恥じらいがあるのです。しかし、橋を架ける必要があることは明白なのです。

【訳者解説】

（1）壮大な人類意識の進化過程が示されており、驚く人も少なくないと思われますが、科学的真実性を問う前に、まずは、感覚的に理解することが大切でしょう。訳者の解釈では、植物の成長する生命力を認識できるようになると、成長が見えるのみならず、植物からいろいろなこと（どんな病気に効くかということなど）知ることができるようになり、次に動物の気持ちや思いや感情を把握できるようになり、次に、人間のそれぞれの自我自体を感じ取ることができ、どんな人物であるかが内側から認識できるようになるということだと感じています。真実かどうかを疑うよりも真実であるとした場合、一人ひとりがどんな印象を抱くかが大切なのだと訳者は考えています。

（2）ゲーテは、植物を科学的に外から見るのではなく、いわば内側から成長の動きを感じ取る生命的な見方をしようとしたわけです。

（3）現代の概念は抽象的な死せる概念となってしまっているので、生きた概念、具体的概念、イメージ的な概念、成長する概念で教育することが大切であると、シュタイナー教育論ではことあるごとに主張していますが、その生きた概念の端緒を示したのがゲーテです。

（4）科学的な世界観の中では、神を否定しながら、日常的な世界観では神を信じているという人々が少なくないですが、両者の世界観を統合する必要があるということです。この二つの世界観に橋を架ける媒介となるのが、生命的なものであり、生きた概念なのです。

生きた概念‥「生きた概念」というものに私たちは慣れていないので、具体的に考えにくいところもありますが、種が成長して芽を出し葉をつけ花を咲かせ実をつけるプロセスをイメージした時の種の概念のように、成長していく様子を感じ取れる概念が生きた概念の一つの例ということになります。シュタイナーは、定義づけられた概念は変化しないので死んだ概念であり、特徴づけられた概念は変容するので生きた概念であるといっています。「だれだれ君」「だれだれさん」の特徴づけは、「だれだれ君」「だれだれさん」の成長により変化していきます。ですから名前も生きた概念になりうるのです。変容しうる特徴づけがなされる概念が生きた概念です。

## 5 エゴイズム(1)と宗教

今回の私の滞在中に、今日の人間たちがいかに利己的に自分の世界観を構築しているかについて注意を向けました。私は皆さんに、今日の人間は死後の魂の命にとりわけ関心を抱いているという事実を示しました。純粋なエゴイズムから死後の魂の生に興味を抱いているのです(2)。私は、その関心を誕生以後の魂の生に対する関心へと移行すべきであると皆さんに申しました。そして誕生以後の生は、当然、誕生前、受胎以前の生の継続なのです。誕生前の霊的・魂的存在の継続として子どもが世界に生まれてくることに対して、死後の魂への関心と同じくらいの憧れや関心や興味を抱いていたなら、私たちの世界認識は今日よりはるかに非利己的な性格を持つことになるでしょう。しかしながら、この利己的な性質は、ほかの多くの事柄とも結びついています。ここで現在の人間たちが、背後にある現実的な事実についてますます明確に認識しなければならない一点に到達するのです。[3] つまり、現在に至る時代においては利己的なものが優先的に発展してきたということにです。自我が世界観に貫入し、自我が意志に食い込みました。これについて思い違いをしてはなりません。そして、とりわけ、宗教的な信仰において人間は利己的になったのです。宗教的信仰が利己的になったことは外面的な部分からもわかります。今日の説教者が人間の利己主義を考慮し利己主義に頼っていることを見ればわかります。最終的に人間の利己主義を考慮すればするほど人間たちに死後の魂の生を約束することができ、それだけますます人々は信仰を持つようになるのです。それ以外のことへの宗教的関心は、今日の人間は基本的に持ち合わせていません。生まれる前に霊的世界にいた魂が、誕生後ないし受胎後に自己を地上で開示していく精神の素晴らしき生命活動に対しては、ほとんど関心を持たないのです。

これの一つの帰結が、今日の人々が様々な宗教において神を考えているそのとらえ方に示されています。私たちが神を最高のものとして表象するだけでは、神を表象したことにはなりません。ここで重要なのは、すべての偽装を排除することです。今日「神」という言葉を語る人々はいったい何を思い描いているのでしょうか。私は既に、人々が神について語る場合、いかなる存在のことを思い描いているのかについて言及したことがあります。それは天使存在、自分の守護天使のことなのです。それを神と呼んでいるのです！　天使以外の何者でもありません。人々は、自分を守護してくれる精神存在が自分の人生を導いてくれることを予感して、その存在を仰ぎ見て神と呼んでいるのです。天使と呼ばず神と呼んだとしても、それは天使存在のことです。神の理念を天使以上に上昇させないということが、(4)その宗教のエゴイズムを示しています。その理由は、エゴイズムにより影響を受けた結果、興味関心が狭くなっているところにあります。この興味関心の狭隘化こそが、現在の私たちの生活において目立っているのです。

【訳者解説】

(1)エゴイズムの問題は、現在もなお世界的な問題であるように見えます。シュタイナーの見方では、一方で人間の自我が強くなる必要があり、その結果としてエゴイズム(利己主義)が強くなる傾向があります。そして、それを克服する力がキリストの十字架の秘儀であり隣人愛の思想なのです。現代の文化期(後アトランティス第五文化期)の課題は、エゴイズムのバランスをとる友愛、隣人愛の育成であるとされています。社会の三分節化構想もこのエゴイズムの克服と密接な関係があるのです。

(2)既に現在、生まれてしまっているのであるから、生まれる前でなく死後のことが気になるというエゴイスティックな考え方に基づいているという考え方です。

(3)背後にある現実的な事実というのは、あとで出てくるように、子どもの成長を、誕生前の子どもの個性の実現過程としてみることに関心がないという事実を指していると思われます。池川明医師の『胎内記憶』（角川SSC新書）により、最近は、胎内記憶の存在が知られるようになりました。調査の結果、胎内記憶にとどまらず、受精以前の記憶を持っている子も少なからずいることが知られてきています。妊婦さんに対してもこうした話題を提供する機会が増えているそうです。その結果、生まれてくる子どもに対して、親が意識的に向き合うようになり、子育てにも良い影響が出てきているようです。こうした現象は、シュタイナーがここで主張している、誕生前や誕生後のことを意識化することが、他者としての子どもへの配慮を生むという意味で、エゴイズムを超えていく可能性を示しているように思われます。近年、シュタイナーのいう生まれる前への眼差しの重要性が認識されつつあるのは、興味深い現象です。

（4）天上の存在には、天使、大天使、アルヒャイ、エクスシアイ、デュナミス、キュリオテテス、トローネ、ケルビーム、セラフィームの九位階の存在があるとされています。天上の存在たちの名前は、かつては、惑星の名前で呼ばれていました。月、水星、金星、太陽、火星、木星、土星、恒星天のように。そうした考え方が受け入れられなくなってきたときに、デュオニシウス・アレオパギダが、『天上位階論』においてつけた名称が天使、大天使、アルヒャイといった名称です。9世紀のオリゲネスのラテン語訳を通じて九つの位階の考え方が広まりました。

## 6　人類の運命[1]への関心

今日の多くの人々は、いったい何を問題にしようとしているのでしょうか。人類の一般的な運命を問題にしているといえるのでしょうか。今日、一般的な人類の運命について人々に語るのは、ある意味でとても悲しいことです。人類の運命をめぐる状況が、ここ数年の間に変化してしまったということを、人々は理解していません。皆さんおわかりのように、ここ4、5年の間に地上を覆った武力戦争に続いて今までになかったような精神闘争[2]が地上を覆うことになるでしょう。この精神闘争は、西洋が幻想ないしイデオロギーと呼ぶものを東洋が現実と呼び、東洋が現実と呼ぶものを西洋がイデオロギーと呼ぶことから生じます。現在、こうした重要な問題に、人々の注意を向けさせることはできるでしょうが、同じことが百年前に警告されていたら、この警告は人々の魂を震撼させ、再びその状況から抜け出せなくなるほどの影響があったに違いないということに今の人々は思い至りません[3]。

こうした人類の意識の変化、人間存在の大いなる運命への人々の無関心こそが、現在最も目立つ現象です。こうした意識が今日の人々から抜け落ちているのです。人類の運命という最も包括的で影響力が大きい重大な事実が、単なるその場限りの目立った関心事であるととらえられているのです。十分に魂が震撼させられていないのです。その原因は、知的なエゴイズムがますます強力になることにより、人間の関心が狭められていることにあります。それゆえ今日の人々は今なお問題がないかの如く、今も議会と民主主義を維持することができるのです。人々が議会に集まったとしても、この議会においては人類の運命は問題にされません。議員に選ばれた大多数は人類の運命に関心を持っていないのです。議会には利己的な利害関心が渦巻いていて、皆が皆、自分の利己的な利害関心を抱いているのです。しばしば職業によって結びつけられるような外的な類似性に基づいて人々がグループ化されています。そして、そのグループが大きくなると、多数となるのです。そうなると、議会を通して、つまり代表制を通して人類の運命が取り上げられることはなくなり、それらの多数者によってエゴイズムが貫徹することになります。人々の中に生きているのはエゴイズムにかかわる関心のみであり、だからこそ、宗教的な信仰すらもエゴイズムに訴えかけられることになるのです。もし、人々の関心がもっと幅広くなったとしたら、人々が再び個人の運命から人類の運命へと眼差しを向けることができるとしたら、再び人類の魂が強く震撼させられるとしたら、宗教的な信仰もリフレッシュされることになるでしょう。西洋では東洋と異なる文化が花開いていきます。さらにその真ん中の中欧では東洋や西洋とも異なる文化が花開いています。これを理解し、西洋で人類の大きな目標が追及され、霊媒的な人物に関心を向け、ある程度意識的に地上で霊的世界と結びつくようにその人を一種のトランス状態にして、大いなる人類の目標を語らせたとしたら、人々はエゴイズムから脱却できるでしょう。しかしながら、こうしたことがヨーロッパで語られたとしても、信じられることはありませんでした。英米諸国の現実の社会において、[4]霊媒体質の人を一種のトランス状態にして、人類の大いなる運命的目標は何かという問いを巧妙に扱うことにより答えを引き出せるとは、だれも信じませんでした。それと同時に人々は、東洋の人々が人類の偉大なる目標について、今や霊媒に媒介された方法によってではなく、本人の神秘的な感覚によって知識を得ているということを信じなかったのです。しかし現在では、それは手でつかめるほど明らかになってきています。今では、いたるところで、ラビンドラナート・タゴール[5]の美しい文章を目にするからです。その中で人々は、東洋人が人類の偉大な目標についてどのように考えているかを読むことができます。しかしこれらの文章は、自由に内容を水増しできる文芸欄のように読まれており、人々には、偉大なる霊性をもったラビンドラナート・タゴールの文章を霊的な文章として認識することができないのです。様々な人種の本質的な特徴が並行して存在していることに、今の人々は気づかないのです。私は長い間、西洋と東洋のはざまにある中欧[6]について公開講演で語ってきました。しかし、まだ私の主張は受け入れられていません。受け入れられるべき考え方を提示していたにもかかわらずです。

以上から私は、次のことを示したかったのです。つまり、具体的に地上で多様化している人間諸集団にかかわるエゴイスティックな人間の運命を超え出た人類全体の運命について意識してほしかったのです。地上での人間の運命を把握できるように魂の眼差しを高めると、人間は個人的な運命を超えた人類の運命について強い関心を抱くようになります。そうすると、単なる天使よりも高貴な、より現実的な大天使を把握できるようになるのです[7]。利己的な人間の領域にとどまった場合には、大天使が何を意味しているのかという考えは浮かびません。利己的な人間の領域でのみ説教するならば、それは天使について語っているだけなのです。神といってもそれは天使のことに他ならず、天使を神と表現するのは偽りで真実ではありません。地球上の人類の運命に関心を持ち始めたときにのみ、人間の魂は大天使の領域へと上昇し、大天使と同調するのです。

【訳者解説】

（1）人類の運命というと大きすぎる問題のように思えます。しかし、シュタイナーが言うように、人類の進化過程の道（後アトランティス時代の七つの文化期）が、大きな方向性としてあるとすれば、人類にとってのひとつの希望であると考えることもできるのではないでしょうか。ですから、荒唐無稽と頭から否定するのではなく、ひとつの現実的な生きた理念として、冷静に心で受け止めてみることが大切でしょう。

（2）東洋と西洋の統合や融合という思想はもともとありましたが、シュタイナーの考え方の場合は、一段高いところで意識的に西洋の思想に東洋的な要素を組み込むことを重要視しています。そのためには、科学的な思考法にゲーテ的な認識方法を付け加える必要があります。この自覚を生み出すための精神闘争が今でも続いているのですが、2017年現在、地上には、テロ組織の活動などで武力闘争も併発しています。現在の世界の混迷状況は、シュタイナー思想により社会の三分節化の方向が未来の進むべき方向であることが認識された時、次の段階に進むことができるのではないでしょうか。

（3）科学の影響がまだ一般化していない百年前であれば、知的で乾いた反応ではなく、生命的な魂が震撼させられたに違いないということを意味していると思われます。

（4）英米諸国が取り上げられているのは、この講演がなされた時代（1919年）に、イギリスやアメリカで降霊会（霊を呼び出す催し）が盛んに行われていたという事実があります。1882年に英国心霊現象研究協会が設立され、著名なマーク・トウェイン、ルイス・キャロル、コナン・ドイル等もこの教会のメンバーになっています。

（5）ラビンドラナートタ・ゴールについては、第二講7【訳者解説】（1）を参照して下さい。

（6）中欧には、西洋と東洋を統合する世界史的な役割があり、そのことはヘーゲル哲学などに現れているとシュタイナーは考えており、中欧の世界史的な課題を訴え続けました。

（7）天使については、第六講5【訳者解説】（4）を参照して下さい。

## 7　ギリシャ・ラテン文化の影響①

さて今度は少し異なるテーマに移りましょう。皆さんどうか、人類の発展の段階ごとに積み重なっている衝動について、私がこの連続講演で示唆したものを感じてください[2]。私たちの時代の指導的人々の大部分は、人間の魂が幾分柔軟性を持っている年齢にギムナジウムで教育を受けています。ギムナジウムは現在の文化から生まれたものではなく、ギリシャ・ラテン時代という過去の文化から生まれたものです。おわかりと思いますが、ギリシャ人やローマ人が私たちと同じことをしたとすれば、彼らは、エジプト・カルデア的ギムナジウムを設立したはずです。ですが彼らはそうはしませんでした。彼らは教材を直接的に生活から取り出しました。ですが私たちは現在、教材を過去の時代空間から取り出して、それに従って人間を教育しているのです。ギリシャ・ラテン文化の教材は、人間にとって大きな意味を持っています。しかし私たちは、ギリシャ・ラテン文化の教材の人間にとっての意味を知りません。もし、私たちがこの意味を認識していたとすれば、女性運動に今までにない次のような色調を与えることになっていたでしょう。「知力を特別に形成するために男性たちは古代の学校に送られている。それゆえ彼らの頭は固くなっている。私たち女性は運よくギムナジウムには送られずにすんでいる。私たち女性は知性を本来の必要性に基づいて育成したい。私たちは、もし、青年時代にギリシャ・ラテン的ギムナジウムによって鈍くさせられなければば、現在に向けて何が発達するのかを示したい」と。

こうした必要性は感じとられませんでした。そうではなく、男性たちがギリシャ・ラテン的ギムナジウムの教育を受けたように、女性たちもまた、同じ教育を受けることになったのでした。女性たちもギムナジウムの生徒となってしまったのです(3)。

今何が必要なのかということに関しての理解は、ほとんどなされませんでした。私たちは、今現在に向けて教育されるのではなく、ギリシャ・ラテン文化に向けて教育されているということを知らなければなりません。ギリシャ・ラテン文化が、私たちの生活の中に潜んでいるということです(4)。人々は、今現在、ギリシャ・ラテン文化がまさに指導的な人間たち、いわゆるインテリたち、知的な人々を支配しているということを感じとる必要があります。これが私たちの下にある一つの古い層であり、この古代文化を、私たちは精神教育全体の中に持ち込んでいるのです。私たちは、ギリシャ的ラテン的教育を受けないと新聞も読めません。といいますのは、たとえ私たちが自国語で文章を書いたとしても、その文章をギリシャ的ラテン的型に従って書いているにすぎないからです(5)。

さらに、法の見方に関していえば、既に触れましたように、私たちはローマ的なるものの中で、つまりまたもや古きものの中で生活しているのです。法の中には、ローマ的なるものが生きています(6)。時々、昔の領邦国家の法がローマ法と争うこともありましたが、しかし、領邦国家の法は前面に出ませんでした。人々が公的生活において正義あるいは不正義と呼ぶものの中に、次第に消えゆくローマ時代が生きているのを再び感じざるをえません。

【訳者解説】

（1）ここからは、少しテーマが変わり、社会の三分節化のテーマである文化・法律・経済が取り上げられることになります。

（2）頭で理解するのではなく、感情の領域で受け止めるという点が、合理主義的な知性を新しく変容させていく認識の方法なのです。

（3）女性は料理や裁縫などの活動によって現在に生きている人々であるため、古代の教育システムであるギムナジウムによって教育を受けている男性と違い、柔軟性を失うことなく新しい時代の要請に対応することができたはずですが、女性も男性同様にギムナジウムに入ることにより、いわば男性化してしまったわけです。最近、教育の領域で注目されているネル・ノディングズのケアリング理論は、現在の教育が男性原理に基づいて構成されてしまっているため、配慮や世話といった女性の持つ特質を教育の主軸に据えるべきだと主張していますが、シュタイナーの思想を現代に生かそうとしたとみることができるでしょう。

（4）日本には関係がないと思われるかもしれませんが、ギリシャ哲学の影響、ギリシャ彫刻の影響、オリンピックの存在を思えば、日本にも影響が及んでいることがわかるでしょう。

(5)ここで、ドイツ語圏のケースとして、ギリシャ・ラテン文化の影響が現代語にも大きく影響を受けると主張されている事態は、日本にも見られます。明治維新以降、翻訳語が多くなり、文章に主語が明確に示されるようになってきています。ノーベル文学賞受賞者の大江健三郎氏の文体は、翻訳文の文体に似ているといわれますが、このように外国の文体が影響を及ぼすのです。

(6)ローマ法は日本とは関係ないと思われるかもしれませんが、日本は明治維新以降西洋化を進めることにより、間接的にローマ法の影響を受けているため、現在の日本の法律にも影響しているといえます。

## 8　現在に生きている経済領域(1)

経済的なものの中においてのみ私たちは現在に生きているのですと、多くの人がそう言いたがります。現在に生きているがゆえ人々の間に大きな意見の違いが生じてくるでしょう(2)。付言すれば少なからぬ女性たちが現在という概念を保持しています。料理に関して、つまり経済的なものに関して女性たちは本来的に現在の存在なのです。私は現在の経済が、とりわけ望ましいものであると言っているわけではありません。しかし現在の女性たちが、古い文化に戻るというのもまた最も望ましいと言うわけにはいきません。私たちが現在にもたらしている経済以外のものは古いものなのです。現在の世界を見ると、地理的な影響のみならず歴史的時間的影響もまた文化に作用していることがわかります。こうした感受性を身に付ければ、過去が作用してくるだけではなく未来もまた作用してきます。まさに未来が影響するということが私たちの関心事なのです。教育のギリシャ性に対し、また法律のローマ性に対し、一種の反乱を起こすという意識は、人々の意識において後景に退いています。輝ける未来が現在を照らさないとするならば、私たち人間は悲劇的であるということになります。

空間、つまり私たちの文化の中に現在生きているものに対してと同様に、時間、つまり時間史において古代また未来から現在にもたらされるものも考慮する必要があります。現在の人間として生きることによって、過去と未来が人間の魂に入り込んでくるのです。既に述べましたように、私たちはヨーロッパに住んでいるので、空間的にはアメリカやイギリスという西と、アジアや中国、インドという東が関係してくるように、時間的にはギリシャ・ローマ期と未来が含まれています。過ぎ去りしもの、生成しつつあるもの、将来生じるものがどのように私たちの魂の中に生きているのかを意識することにより、おずおずとであっても未来を考慮するならば、エゴイズムを越えた人間の運命に対する関心が再び魂の中に生じるでしょう。単なる空間的な見方によるものとは異なった時間的な気分が生じるでしょう。そしてこの時間的な魂の気分を発展させたならば、ようやくのこと時代精神の領域、つまりアルヒャイの精神に関する概念を形成する可能性が発展するでしょう。すなわち私たちは霊的位階の三番目の神的なるものに到達することになるのです。人間が最初にこの天使、大天使、アルヒャイという三つの位階を、概念や理念によって導き入れることは良いことです。なぜならば、次にやってくる形態の霊（エクスシアイ）[3]は、理解するのが極めて難しいからです[4]。しかし、今のところは、利己主義を越えて非利己主義的な領域の中に進んでいこうと努力するならば、それで十分です。とりわけ　―この点を私は再び特に言わなければならないのですが―私が今論じたことが教員養成において行われるべきなのです。教員は、一番身近な神、すなわち天使に向かおうとするエゴイズムについての概念を持たずに教育することは許されません。また非利己的な運命に規定された諸力についての概念、つまりは地上の空間に並立している大天使についての概念を持たずには、そしてまた、私たちの文化の中に過去的なものと未来的なもの、つまり、古代ローマの法制度と古代ギリシャの精神性と、私たちを救ってくれる未来のまだ定かでない反乱がどのように入り込んでいるのかを知らずには、自由に授業や教育をすることは許されないのです[5]。

しかし現在の人々は、こうしたことに心を向ける機会が少ないのです。しばらく前に私は、講演の中で繰り返し、今日ギムナジウムの中で過ごす時間向けの教育内容を現在から取り出すこと、換言すれば、究極的にギリシャ人自身が行っていたようにすること、つまりギリシャ人が当時の生活の中から教育素材を取り上げていたようにすることが社会的な課題であると強調してきました。

少なくともその時以降、私が繰り返しこの点を重要な社会問題として語ったドルナッハで、しばらく前に　─私は、因果関係を示したいと思ってはいませんが─　すべての新聞に大量の広告が掲載されていて、そこにギムナジウムの教育が取り上げられていました。新聞にはいたるところに、青年のギムナジウム教育のおかげでドイツ的なるものが「国民的意識の強化」「国民的力」等に寄与しているとの広告が掲載されていたのです。ベルサイユの平和[6]の前、数週間そういう状態でした。これらの新聞広告には、その地方の学校や教育制度の大物の署名が入っていました。人々が今日、人類の発展の現実的客観的な基礎からはっきり述べなければならない内容を、こうした広告は常に反映しているのです。広告の内容はしかし、内容を反映させるだけで魂の深みには触れていませんでした[7]。

ここにこそ、社会問題における影響の難しさがあります。今日、社会問題を克服しようとしているその手段は通常表面的なものなので、こうした見方によっては決して社会問題を解決できないのです。社会問題は深くて重要な問題です。人間の本質、世界の本質の深みを覗き込もうとしなければ、社会問題は解決できないのです。まさしくこうした状況の中で、社会有機体の三分節化の確実な提示がいかに必要か見通すことができるでしょう。

【訳者解説】

（1）精神領域における自由価値、政治領域における平等価値、経済領域における友愛価値の三つが自立しながらバランスよく協調関係にある社会状態をもたらすことが、シュタイナーの社会改革の目標なのですが、その実現が難しい理由として、ヨーロッパの政治においては古代ローマの影響が大きく、文化においてはギリシャ文化の影響が大きく、現在に見合った文化や法を作り上げようとしていないという難点が指摘されています。その後、経済だけが現在的であるという指摘もなされています。しかし、その経済も、友愛の価値を実現する形になっていないところに現在の問題がありますが、その点については、『シュタイナー経済学講座—国民経済から世界経済へ』（シュタイナー著、西川隆範訳、筑摩学術文庫）が参考になります。

（2）現在に生きているということは、それぞれ自分の体験に基づいていろいろ考えることができるので、意見の違いが生じてくるのではないかと思います。

（3）エクスシアイは、地球を中心として太陽までを支配領域とする神霊です。エクシスアイはエロヒムとも呼ばれ、太陽に六柱おり、七柱目はエホバと呼ばれ、月にいるとされています。詳しくは、『シュタイナー用語辞典』（西川隆範著、風濤社）参照。

（4）難しくはありますが、天使、大天使、アルヒャイ、エクスシアイ、デュナミス、キュリオティティス、トローネ、ケルビーム、セラフィームという目に見えない神的存在たちにはそれぞれ役割があり、その役割に気づくことが大切なのです。天使は守護天使のため利己主義に用いられやすいのに対し、大天使は民族霊に関わるので、人類的な普遍性に近づいており、アルヒャイは時代霊なので時代を導く役割をしており、時間軸をつかさどっているわけです。

（5）つまり、教員養成では、現代社会においてエゴイズムに流される危険、人類や民族の運命といった視点、現代の中に食い込んでいる過去の影響について知らなければ子どもの教育は行えないというのです。霊的位階に抵抗を感じる人もいるかと思いますが、主張されている内容は、首肯できるのではないでしょうか。

（6）1919年のベルサイユ条約のことです。

（7）私たち日本人は、ギリシャ・ローマの影響に加えて、日本の伝統や明治維新以降の対応についても考える必要があるでしょう。

## 9　精神の自由[1]

人々は今の時代に必要なことを実現するために、一つの器官[2]を取得しなければなりません。現在の教育制度の中でこの器官を獲得するのは困難でしょう。といいますのは、国家によって次第に飲み込まれてしまっている教育制度の精神的教育は、人間から能動性や活動的努力を枯渇させ、人間を国家機構に帰依する人形としてしまったのですから。それではいったい人間はどのように生きたらよいのでしょうか。

さて6歳までは、人間は国家に妨げられずに生きることができます。なぜならその年齢の子どもは、国家の思い通りにならないからです。この年頃の子どもたちは国家の課題に帰依しません。幼い年齢でも人は国家に帰依すべきですが、国家の側は、この年齢の子どもを家庭の力にゆだねるのです。そして小学校入学後に、人間には国家から要求がなされます。国家経済にふさわしいように調教され、型にはめられます。人間であることをやめ国家のスタンプを押されるのです。やがて国家にとって都合のよい何者かになり、人々はそれを目指すように仕向けられるのです。といいますのは、彼らは蛍光塗料を塗られて輝くからです。働いている間、彼らは国家により賄ってもらうのみならず、労働を越えて死に至るまで、年金の形で国家により養われます。今日多くの人々にとって、年金の保証された仕事が素晴らしい理想となっているのです。そしてそのあとは、宗教的な信条が死を越えて年金を与えてくれるのです。魂にも年金が補償されるのです。魂はそのために何もしなくても、教会自身の作用によって永遠の至福を得ることができます。教会がその世話をしてくれるのです。癒しは自由な精神的努力にゆだねるものであって国家に依存すべきではないという主張を耳にするのは、国家にとって不快です。国家は、年金を経済領域に任せて法的国家のみであるべきだといわれたくはないのです。そうなのです。本来の法的国家においては、まさに、年金の保証は必要なくなることでしょう。年金の保証が必要でなくなれば、多くの人にとって、私の主張する法的国家を拒否する一つの理由になるのです[3]。

最も親密な精神生活、つまりは宗教的生活に関しては、もちろん、人間の未来の世界観は自分の不死性を取得すること、また自分の魂を活動させ、神的なるもの、すなわちキリスト衝動を自分の中で活動させることを要求することになるでしょう。

私は人生の中で、非常に多くの手紙を教会の人々から受け取りました。彼らは、人智学は――あるいは別の名前で呼ばれようと――基本的に良いものであると言います。しかし「キリストが人間の魂を救済した。人はキリストにおいて、魂がそのために何もしなくても至福になりえる」という単純なありのままのキリスト信条と人智学は矛盾しているとも言うのです。「キリストにより至福になれるというありのままの信仰」から離れることは、教会の人々にとって許されないことなのです。単純でありのままのキリスト信条を言ったり書いたりすると、とりわけ敬虔であると人々は信じます。こうした人々は実は基本的にエゴイストです。彼らは今の魂の中で何もしたくないため、死の門を通り過ぎた後、魂が美しく年金生活に入れるように神にまかせてしまうのです。

私たちの考え方は、未来に向けて宗教的なるものを作り出す努力が必要であるという世界観ですから、そういった人々にとってその世界観はあまり快適なものではありません。魂の中にある神的なるものを内に持ち、それに手を加えていく必要があるということになるのですから。つまり私たちの考え方では、単に、年金を向こうの世界まで超えて保証することを魂に約束してくれるだけ―この約束は、かつては動因となっていましたが、今ではその力は流行遅れになっているのですが―教会に受動的に帰依するだけでは足りないのです。流行遅れとはいっても、ローマ法的な考え方は人が至福になるに際して常に一つの役割を果たしています。しかし内的な活動への移行、世界に関わる内的な生活、これを考慮しなければなりません。内的な活動や努力こそが人間にとって必要なことであり、人々がまだ十分に好んでいないことなのです。

この領域で必要なことに対する感情を獲得するために、今日私が述べましたように、まさしく内的な生活が、私たちの魂の前面に出てこなければなりません。すなわち、エジプト・カルディア期以来の人間の変容が大切なのです。古代エジプトでは、身体は今よりもより植物的な性質を持ち、その結果、古代エジプト人が現代にやってきたら病気になるでしょうし、部分的に潰瘍ができるなどしてしまうでしょう。そして、私たちは物質体をまとっており、この物質体をとおして物事を認識しています。こうした人類発展の自覚[4]から、人は、将来の人間にとって必要なことを身につけるのです。それは社会問題において、私たちが前進するために、現実を前の方向に進めることに対する感受性を身につけるということです。私たちはもはや、社会問題を単純に考察するだけでは不十分なのです。[5]

【訳者解説】

（1）精神の領域における自由、法の領域における平等、経済の領域における友愛の三つの中で一番大切なのが精神の自由です。この精神の自由を皆が行使することが大切であることが述べられています。

（2）目という器官があるから見ることができますが、目がなければ見ることはできません。人間に、五官以外に新しい感覚器官が養成されれば、新しい現実を知ることができるわけです。現在の人間には、開発されれば新しい現実を見ることのできる感覚器官がまどろんでおり、それを開発すれば、超感覚的な現実にアクセスすることができるとシュタイナーは主張しています。そのための方法を示した本が、『いかにして超感覚的世界の認識を獲得するか』（シュタイナー著、高橋巖訳、イザラ書房・筑摩書房）です。この主張が正しいかどうかは、そこに書かれている方法を試すことにより、それぞれが自分で確認できます。訳者はまだ自分では確認できていませんが。ともあれ、新しい感覚器官の発達のためには、精神の自由が確保されることが重要であるとシュタイナーは考えています。私たちは、精神の自由を大切にして国家などによって統制されることを避けなければならないのです。与えられたものを受け取るだけではなく、一人ひとりが精神の自由、内面の自由を行使し変革へ努力することが必要なのです。

（3）社会の三分節化が実現していけば、経済の友愛の原則が実現することにより生活が保障されることになるので、国家が年金を保証する必要がなくなり、年金の保証の必要性がなくなるのです。

（4）人類の意識はいつの時代も同じではなく、時代の進展に伴って変容しています。現在の時代は、知的な認識が前面に出ていますが、その反面、生命的な認識が弱まっています。このアンバランスを解決することが現代の課題なのです。現在のさまざまな社会問題は、こうした時代認識を失ったところから生まれています。現代社会を眺めてみると、ドイツの場合、教育はギリシャの古い精神により運営され、法の領域は古代ローマ法の影響を強く受けています。教育も法律も現在の社会状況に合わせて変革しなければなりません。そのための方向として重要な指針となるのが、精神の領域における自由の重要性、法の領域における平等の重要性、経済の領域における友愛の重要性なのです。三つの領域がそれぞれ相対的に独立し、三つの領域のバランスが取れることが未来の目標です。そうした方向性への感受性を育成することが最も重要であると考えられています。

（5）精神の自由において、一番大切なことは、新しい感受性を養成することなのです。そのためには、人類の魂の歴史的発展に対する理解、過去の影響の大きい法領域と精神領域、現在の影響の大きい経済領域という社会生活の重層性に対する理解、自我の強化がエゴイズムの強化につながるという危険性の理解などが重要で、生命的なるものへの感受性を養うことが大切なのです。そのためには、国家により精神の自由が抑制されてはならないのです。

## 10　「われわれ感情[1]」の必要性

おわかりのように、まさに前進への感性を持つこと、これこそが、今はなはだしく困難です。生活の最も重要な事項について、いくつかの抽象的な文章によって明らかにしたいと思っても、それは困難であるということを明瞭に自覚しなければなりません。『社会問題の核心[2]』の中で、いくつかの抽象的な文章に加えて生活の中での観察結果が含まれていると、人々は、この著作が理解できないというのです。人々はそのような書物に慣れていないため、内容が支離滅裂であるとさえ言うのです。しかし、人々がまさに生活を無視して抽象的な概念ばかりを扱おうとしているのは、現在の不幸です。まったく実態が伴っていない抽象的な文章は、死せる物質体に関わっているのです。社会的なものは生きていなければならなりません。そこでは、しなやかな見方、しなやかな文章、しなやかな形態が用いられなければなりません。それゆえ、私が既にしばしば語りましたように、個々の制度の変化について熟考するのみならず、私たちの思考や感覚の最深部に関わって、面倒でも現実的に考え直し、学習し直すことが必要なのです。

これが本日の講演で申し上げたいことです。今こそ、私たちの人智学的な運動[3]、社会的な運動の協働のしるしに、私たちは「われわれ感情」を持たなければならないのです。社会の中で何かを達成するためには、どのように人智学的精神科学を人間の魂の中に注ぎ込んだら良いのか、多くの人が全身全霊で理解することが望まれます。そして私は皆さんに、次のことを切にお勧めしたいのです。重要なのは、人智学的な認識において獲得した内容を、現在の我々の努力や社会的影響力への真の基本指針として認識することです。ですから、人智学によって自らを一貫させたいと願う勇気を持つことをお勧めしたいのです。最悪なのは、ほんのわずかな人だけしか、今現在人智学によって首尾一貫したいと思う勇気を持っていないということです。現代の人々は、人智学的な最善の意志の力を破壊しています。最善の意志の力が非常に大切であるのに、人々はそれを育て上げようとしていないのです[4]。

私たちの精神的努力の代理人であるこの建物（ゲーテアヌム[5]）を興味を持って眺める人々は、皆さんによって受け入れられる、ということを勇気を持って主張するようになりましょう。少しでも理解を示してくれるすべての人について喜び合いましょう。その人たちを迎え入れましょう。しかし、その人が悪意を抱いていたり、あるいは今日しばしば起こることですが、事柄を理解しない場合には、皆さんはそれを退ける以外にはその人たちに対して何もしてはなりません。これらのことを実行する勇気が問題なのです。私たちは次のように考えたいのです。私たちは小さな小さな山としてここに存在しています。この小さな山は、今日世界にとって、もっとも必要なことを知り、それを世界に伝えるという運命によって規定されています。人々は私たちのことを笑うかもしれません。そんなことを信じるのは思い上がりだというかもしれません。しかしこれは真実なのです。「しかし、これは真実なのだ」と自分に言うこと、しかも、魂の全体がその言葉に満たされるように真面目に言うこと、これこそが私たちが持たねばならない内的勇気です。この勇気が人智学的な実質として私たちを貫いたなら、すべての人がそれぞれの場所でなすべきことをするようになるでしょう。これが今日私が語りたかったことです。

そうです。私が申し上げたいのは、私たちは、毎日この建物にあこがれを見出したいということです。この建物によって、世界に対して、この作用を身近なものにしたいのです。それは現在非常に困難なことではありますが。形の上でも人類の大いなる運命を考慮している唯一のものが、この建物です。この建物が既に注目されている事実は喜ばしいことです。しかし社会問題に対して有益な影響を継続するためには、さらなるものが必要です。まさにゲーテアヌムがそうであるように、今日の他の建築形態に較べてより強力な形態の建物によって、人類の力の精神的な向上に影響が与えられるのです。人類がそれを知ることにより、人類は再び人々が望んでいるものへより近づけるようになるでしょう。その知により人類は向上し、天使までのみならず大天使、さらには時代霊にまで達するようになるでしょう。

この言葉をもって、私は再び皆さんとお別れしたいと思います。私は、私たちが数週間、この考え方を継続できること、そしてまさにこの期間に、この建物自身のために生き生きとしたこの考え方の作用に応えられることを希望しています。親愛なる皆さん、外の世界のあらゆるところから、労働の喜びや労働意欲が人間にとって再び必要であると強調されています。この目標は人間が偉大なる目標を確信しない限り実現しないでしょう。私はもし人類が、社会有機体の三分節化によって人間に値する存在になれると確信することができたなら、人類は再び働き始めると思います。そうでなければ人々はストライキを続けるでしょう。(6) 人間には現在という時代において、そして物理的な労働の領域において、魂を深くとらえる動機が必要だからです。

私たちの労働が少なくとも一つの具体的な対象物に関わることによって実り豊かなものとなり、世界にとって実のある労働となることを私たちが示すことによってこそ、私たちは今の時代に死物化してしまっているものを精神的に克服する力を人類に与えることができるでしょう。こうしたことについて、愛する皆さん、再びここで話し合える時までじっくり考えましょう。さようなら。

【訳者解説】

(1)「われわれ感情」というのは、自分たちは仲間であるという意識のことです。1413年に始まる後アトランティス第五文化期(~3573)を、シュタイナーは意識魂の時代とも呼んでおり、この意識魂の発達の時期においては、すべての人々が、自分自身の意志・感情・思考により判断する時代となると考えられています。この時代の仲間というのは、血縁や地縁などによる仲間関係ではなく、思想的な一人ひとりの判断によってできた新しい仲間関係が想定されています。

（2）『現代と未来を生きるのに必要な社会問題の核心』（シュタイナー著、高橋巌訳、イザラ書房）

（3）人智学的な運動というと特殊な運動という印象を受けるかもしれませんが、人智学というのは基本的に人間に関する叡智という意味です。そのため、まさしく本書に述べられているような人類の現在の知力の発展段階において、さらに生命的な、生きた知力を補い発展させるという人類史的な課題を果たそうとする目標を持った運動であり、この方向に向かう社会変革である社会の三分節化の動きこそが人智学的運動の目指すものです。したがって現代社会に問題性を感じている人々にとっては、共感可能な普遍的な運動といえます。

（4）人智学的な基礎知識がある人向けの講演であるため、このような表現になっています。

（5）スイスのドルナッハに当時建築中であった人智学協会の建物である第一ゲーテアヌムです。

（6）当時ストライキが頻繁に起こっていました。かつては日本でも、ジェネラル・ストライキがなされていました。ストライキは賃上げなどの労働条件の向上を目指して行われたものですが、労働と賃金が切り離されればストライキは必要なくなるとシュタイナーは考えていました。

# 訳者あとがき

2011年3月11日東日本大震災が起こりました。この天災は日本人のみならず世界の人々の心に強い衝撃を与えました。その後の推移を見守る中で私は43年前の大学紛争を思い出していました。

1968年に東大紛争が始まった時、私は大学2年生でした。全学ストライキが続く中、全共闘を支える革命思想が正しいかどうかを自分なりに確かめようとマルクスやヘーゲルの本を読みましたが、どこかしっくりしない印象が残り、クラス討論には加わりましたが運動には加わりませんでした。あれから48年が経過し、今ならしっくりしなかった理由もわかりますし、今後どうすればよいかも見当がつきます。そうなれたのは、1975年にシュタイナー教育に出会い、その後シュタイナーの経済学講義や社会の三分節化論を学ぶにつれて、シュタイナーの社会論こそが現実性を持った社会改革論であるとの確信を抱くことができたからです。

シュタイナーが予想していたように、ソビエト連邦の社会主義体制は1991年に崩壊しました。その後世界は資本主義の一人勝ちの様相を呈し、新自由主義が世界を席巻し、今の資本主義経済体制に代わりうる経済はありえないとの気分が蔓延しています。

しかし新しい社会のあるべき姿については、シュタイナーが明確に示してくれています。その社会論を何としても一人でも多くの人に知ってもらいたいというのが、訳者の強い願いです。

次に、目に見えないものが果たしている大きな役割についてふれたいと思います。

太陽がなければ、動物や人間はもちろんのこと地球上の生物すべて生きていけません。私たちは太陽なしには生きていけないのです。サンゴや亀は満月に産卵し、人間も月の周期に近い排卵の周期があります。これは新しい命が生まれるとき、天体の影響が人間に対してもあることを暗示しています。こうした宇宙的な関連が現実にどのような影響があるのかについては、慎重に調べる必要があるでしょう。かつてはミクロコスモスとしての人間と、マクロコスモスとしての宇宙との照応関係が指摘されていました。その名残が太陽や月と人間の関係に残っているとシュタイナーは考えています。宇宙飛行士が宇宙から美しい青色の地球をながめて特別な感動を体験するのも、そのことを無意識の中から思い出すからではないでしょうか。

確実に言えることは、目に見えるものばかりでなく、目に見えないものも大きな影響を人間のみならず動物にも植物にも与えているということです。愛がその最たるものでしょう。愛は目には見えないけれどとても大切なものです。

また現代科学は、死せるものと生きているものとの区別を重視していません。目に見えるエビデンスが要求されます。しかし、人間世界には目に見えないものがたくさんあります。意志も感情も思考も目には見えませんが、目に見えないものが大きな役割を果たしていることは事実です。
現代の唯物論的な科学観は、目に見えない影響も射程に入れた新しい科学へと成長する必要があると、シュタイナーは考えていました。現在の社会論が行き詰まりがちなのは、目に見えないものへの眼差しが欠けているからではないでしょうか。
シュタイナーのこうした考え方に基づく人間論、教育論、社会論が、現実に有効なものかどうかを常識や通念によって判断するのではなく、自分自身の感性・意志・感情・思考に従って吟味することが大切です。常識を疑う視点を持ちつつ、シュタイナーの考え方を吟味しながら、読者の方々一人ひとりが、自分なりの社会観、教育観、人間観を洗練していただけたら訳者としては、これ以上の喜びはありません。

本書が出来上がるに際しては、イザラ書房の村上京子さんと白樺図書の狩野晶子さんに、大変助けられました。ありがとうございました。最後に、私事ながら本書の執筆を陰ながら支えてくれた妻啓子に感謝を述べておきたいと思います。

２０１７年３月11日

今井重孝

【著者紹介】

ルドルフ・シュタイナー(Rudolf Steiner) 1861 ～ 1925
バルカン半島のクラリエヴェックに生まれ、実科学校を経てウィーン工科大学で学んだ。最初はゲーテ研究者として頭角をあらわし、若くして『自由の哲学』を執筆した。40歳のころから精神世界の領域についての講演を多くするようになり1913年に人智学協会を創設。人智学を信奉していたエミール・モルトの要請を受けて最初のシュタイナー学校をシュトゥットガルトに創設した。シュタイナーは教育のみならず、農業、医学、薬学、芸術、治療教育、社会論など多様な領域において、新しい未来の方向性を示した思想家である。

【訳者紹介】

今井重孝(いまい　しげたか)
1948年愛知県生まれ。教育学博士(東京大学)。東京工芸大学教授、広島大学教授を経て現在は青山学院大学教育人間科学部教育学科教授。ニクラス・ルーマンのシステム論とシュタイナー思想をつなぐこと及び現代の教育学とシュタイナー教育学をつなぐことに関心を持つ。著書に、単著『"シュタイナー"「自由の哲学」入門』(イザラ書房)、共編『システムとしての教育を探るー自己創出する人間と社会』(勁草書房)、共編『いのちに根ざす日本のシュタイナー教育』(せせらぎ出版)、共監訳『比較教育学の理論と方法』(東信堂)などがある。


社会問題としての教育問題

ー自由と平等の矛盾を友愛で解く社会・教育論ー

発行日　2017年3月11日　初版発行
　　　　2017年6月24日　第2刷発行

著　者　ルドルフ・シュタイナー

訳　者　今井重孝
協　力　狩野晶子
装　丁　赤羽なつみ
発行者　村上京子
発行所　株式会社イザラ書房
　　　　369-0305 埼玉県児玉郡上里町神保原町 569
　　　　tel 0495-33-9216　fax 047-751-9226
　　　　mail@izara.co.jp　http://www.izara.co.jp/

印　刷　株式会社シナノパブリッシングプレス





ISBN978-4-7565-0134-9　C0037